Inhalt

W0087228

Vorwort

Staudenrabatten oder Sommerblumenpflanzungen brauchen ein gewisses Maß an Platz, um mit ihrer Blütenfülle optische Wirkung zu erzielen, und auch der Rasen verlangt nach Fläche, soll er grüner Teppich und nicht nur Tupfer sein. Anders der Steingarten. Sicher, man kann auch hier aus dem vollen schöpfen und großräumige Felslandschaften schaffen, einen Teich integrieren oder Fließwasser als Bach hindurchmurmeln lassen. Aber das muß nicht sein. Wer den Reiz und die Anmut von Pflanzenwinzlingen entdeckt hat, von Arten, die sich an Steine klammern oder sie mit ihren Polstern überziehen, in kleinsten Fels- und Mauerritzen wachsen und blühen, braucht für seine Liebhaberei nicht einmal einen Garten. Schon ein einzelner Tuffbrocken oder Kalkknollen, ein kleiner Steintrog auf Balkon, Terrasse, am Hauseingang genügen als Quartier für eine sich langsam ausbreitende Mini-Pflanzenwelt. Wo sich im häuslichen Grün eine kleine oder auch größere Fläche für einen »richtigen« Steingarten anbietet, erweitert sich auch die Palette geeigneter Gewächse quer durch alle Pflanzenbereiche: Laub- und Nadelgehölze, Gräser, Farne, Zwiebelblumen und natürlich Stauden in der ganzen Fülle ihrer Arten und Sorten. Ist der Boden durchlässig und der Standort richtig gewählt, gibt es mit der Pflege keine besonderen Probleme. Erst bei alpinen Raritäten wird die Sache schwieriger, doch diese ebenso schönen wie anspruchsvollen Arten sind dann ohnedies etwas für bereits erfahrene Liebhaber – ein Ziel übrigens, das wohl jeder engagierte Steingärtner anstrebt.

Dennoch müssen bei der Anlage und Pflanzenwahl, beim Steinmaterial, der Gestaltung, beim Umgang mit den Gewächsen einige Grundanforderungen berücksichtigt werden. Das gilt insbesondere auch für den Garten in Trögen, den Tischgarten und die Trockenmauer. Bei allen diesen Fragen will das Buch mit Erfahrungen aus der Praxis helfen, Problemlösungen anbieten und zeigen, wieviel Freude das naturnahe Alpinum bereiten kann.

Helmut Jantra

Warum gerade ein Steingarten?

Man könnte sich die Antwort leicht machen und sagen: Weil hier besondere Pflanzenarten wachsen, die sich an anderen Gartenplätzen nur schwer oder gar nicht ansiedeln, und weil ein mit Steinen zu einer kleinen oder größeren Landschaft gestalteter Platz besonders reizvoll aussieht und aus dem Rahmen des Üblichen fällt. Gerade in der heutigen Zeit gibt es aber wahrscheinlich auch noch weitreichendere Gründe, sich für diesen Garten im Garten zu entscheiden.

Der Steingarten bleibt in der Regel Wildpflanzen vorbehalten und ist in seiner Gestaltung der Natur nachempfunden – wenn man von der regelmäßigen oder architektonischen Formgebung absieht, die hier aber nur am Rande erwähnt werden soll. Wir haben also die einmalige Gelegenheit, selbst auf beschränktem Raum etwas Naturnahes zu schaffen, und können die anderen Gartenteile dennoch so belassen, wie sie sind.

Damit ist der Wunsch nach mehr Natur im grünen Refugium in greifbare Nähe gerückt; denn immer mehr Gartenbesitzer erkennen die Notwendigkeit, bedrohtes tierisches wie pflanzliches Leben zu schützen und in dem von ihnen verantworteten kleinen Bereich das Notwendige zu tun. Natürlich soll das Leben im eigenen Garten Spaß machen, doch man erkennt in zunehmendem Maße, daß hierzu nicht unbedingt von Prachtstauden überquellende Rabatten rings um den perfekt getrimmten Rasen notwendig sind, daß der Garten an Leben und Attraktivität gewinnt, wenn sich zu den Wildgehölzen und -stauden vielfältiges tierisches Leben gesellt, von Insekten und Vögeln bis hin zu Kleinsäugern.

Und noch etwas spricht für den Steingarten: Aufgrund erhöhter Bodenpreise und dichterer Besiedlung immer kleiner werdende Grundstücke, die großräumige Planung wie in früheren Zeiten kaum mehr gestatten. Man muß mit dem vorliebnehmen, was der Geldbeutel zuläßt, und das Beste daraus machen. Mit Hilfe von Steinen der verschiedensten Art bis hin zum großen Findling, durch geschickte Modellierung der zur Verfügung stehenden Fläche ergeben sich hier die vielfältigsten Möglichkeiten.

Planung und Anlage

Sowenig man den »normalen« Hausgarten willkürlich und ohne Überlegung plant und gestaltet, sowenig sollte man das mit dem Steingarten tun. Anfänger haben möglicherweise eine etwas falsche Vorstellung von diesem Pflanzenquartier, das ja, wenn auch der Natur nachempfunden, eine Kunstlandschaft darstellt mit Gewächsen, die wie andere auch bestimmte Ansprüche stellen und der Pflege bedürfen. Ein paar Steine mehr oder weniger willkürlich über die Fläche verteilt und die Zwischenräume mit für den Steingarten geeigneten Stauden gefüllt, wird niemanden befriedigen und alle Hoffnungen auf eine hübsche Anlage zunichte machen. Am Ende stehen Mißmut und zerstörte Träume.

Der richtige Platz

Es ist ein weitverbreiteter Irrtum zu glauben, Steingärten müßten unbedingt einen Platz erhalten, der in voller Sonne, also in reiner Südlage liegt. Natürlich ist auch hier eine reizvolle Bepflanzung möglich, sie unterliegt jedoch genauso gewissen Einschränkungen wie nach Norden weisende Schattenpartien. Allerdings hat mittägliche Prallsonne den Vorteil, daß man ihre Einwirkung durch Gehölzpflanzungen oder größere Steine abmildern und steuern kann, während sich Schattenlagen nicht wegzaubern lassen. Ideal

wären Plätze mit Morgen- oder Nachmittagssonne, also nach Osten oder Westen ausgerichtete Gärten.

Man sollte sich durch einen auf den ersten Blick vielleicht weniger günstigen Standort von seinem Steingarten-Vorhaben jedoch nicht abbringen lassen. Die Pflanzenauswahl ist so vielfältig und riesengroß, daß sich nahezu überall eine Anlage einrichten läßt, man muß sich nur rechtzeitig darüber informieren, was wo am besten gedeiht. Hierbei können Bücher und Kataloge, besser noch die Ratschläge des Fachmanns in der Staudengärtnerei helfen. Eine Auswahl an Pflanzen finden sie ab Seite 15. Bei vielen Einfamilienhäusern wird die Terrasse etwas erhöht angelegt mit einem zum Garten weisenden Hang, und nur selten wird man diesen Sitzplatz an der Nordseite des Wohngebäudes plazieren. Dieses Gefälle bringt alle Voraussetzung, hier einen Steingarten entstehen zu lassen, zumal meist auch ein natürlicher Wasserabzug gewährleistet ist. Obgleich es optisch am besten wirkt, wenn die Anlage vom Betrachter aus gesehen leicht ansteigt, ist diese Terrassierung kein Muß. Geschickte Anordnung der Steine, Bodenmodellierung und Bepflanzung bringen auch in eine ebene Fläche so viel Abwechslung, daß der Steingarten praktisch überall eingerichtet werden kann. Beispielsweise vor einer Gehölzkulisse, vor einer Gartenmauer oder einer Gebäudewand.

Der Untergrund

Wie immer man sich entscheidet oder entscheiden muß: Aus optischen Gründen, aber auch im Interesse der freien Stand liebenden Gewächse sollte die Steinanlage nicht »irgendwo hineingequetscht« werden; sie muß sich harmonisch ins Gesamtbild des Gartens einfügen, darf niemals zum Fremdkörper werden, wie klein auch immer sie sein mag.

Der Untergrund

Ist der geeignete Platz gefunden, der Umfang des künftigen Steingartens bestimmt, muß der Boden zunächst von allen, aber auch wirklich allen an dieser Stelle <u>unerwünschten Wildkräutern gesäubert werden.</u> Oberflächliches Jäten, wie es in anderen Pflanzungen angebracht ist, reicht hier nicht aus. Vor allem hartnäckige Unkräuter, wie z.B. Winde, Giersch, Quecke oder – schlimm genug – Schachtelhalm, müssen buchstäblich mit Stumpf und Stiel ausgerottet werden. Andernfalls ist nicht enden wollender Ärger vorprogrammiert. Kommen diese unerwünschten Gäste nach Einrichtung und Bepflanzung der Anlage wieder hoch, wird man sie kaum mehr los, ohne die Kulturpflanzen mit zu schädigen. Unter Umständen zahlt es sich bei starker Verunkrautung wirklich aus, den Platz ein Jahr lang brachliegen zu lassen und sich während dieser Zeit einzig und allein mit dem Vertilgen der Wildpflanzen zu beschäftigen. Am besten nimmt man dabei den Spaten oder die Grabegabel zu Hilfe, um auch an die in tiefer liegenden Bodenschichten befindli-

chen Wurzeln zu gelangen. Zugegeben: Das Ganze ist eine Geduldsprobe, bietet aber die Gewähr, daß man sich später nicht mehr allzusehr plagen und nur noch regelmäßig herausziehen muß, was sich neu angesiedelt hat. Herbizide, also Unkrautvernichtungsmittel, sind jedenfalls am wenigsten geeignet, dieses Problem zu lösen, zumal ihr Einsatz

Giersch, ein im Steingarten unerwünschtes Wildkraut, muß mitsamt seiner unterirdischen Ausläufer entfernt werden.

in Hausgärten ohnedies in vielen Bundesländern verboten ist.

Ein weiterer wichtiger Punkt bei der Steingarten-Neuanlage ist der Einbau einer <u>Dränage</u>, die den Wasserabzug gewährleistet. Alpine Gewächse halten einiges aus, nur stauende Nässe ist meist tödlich für sie. Wer ein leichtes, durchlässiges Erdreich besitzt, braucht sich kaum mit diesem Problem zu beschäftigen. Überall dort jedoch, wo diesbezüglich Zweifel bestehen, sollte für eine gut wasserdurchlässige Schicht aus Schotter, Kies oder Bauschutt gesorgt werden, deren Stärke mindestens 20 cm betragen muß. Wenn man für das Pflanzenbett weitere 30 cm berechnet, müßte die Steingartenfläche also, vorausgesetzt, es ist eine Dränage erforderlich, etwa 50 cm tief ausgehoben werden.

Je nach Größe des Areals fällt dabei reichlich <u>Aushub</u> an, den man teilweise, wenn es sich um guten Mutterboden handelt, als Pflanzerde später wieder aufbringen und/oder zur Modellierung der Fläche, für kleine Erhöhungen, zur Auspolsterung von künstlichen Mulden, als Böschung und ähnlichem gut verwenden kann. Wo zur Anlage Rasensoden abgehoben werden müssen, stapelt man sie, Grasnarbe nach unten, an einem separaten Platz und gewinnt damit nach einem Verrottungsprozeß von etwa zwei Jahren wertvolle Rasenerde. Zunächst aber erhebt sich die Frage: Wie muß die Erde beschaffen sein, in der Steingartengewächse gedeihen?

Eine ausreichende Dränageschicht von mindestens 20 cm Stärke ist für die Steingarten-Neuanlage unerläßlich.

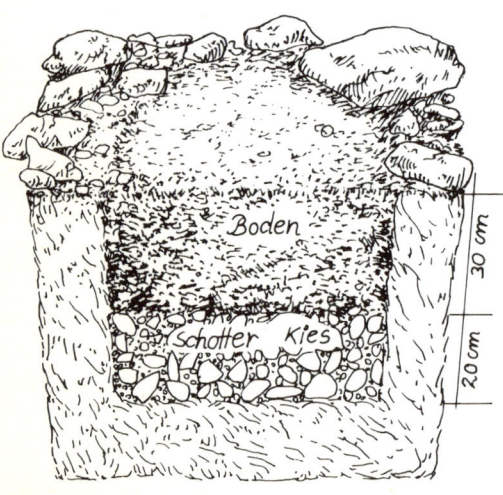

Die Erde

Jeder bereits erfahrene Steingarten-Liebhaber hat sein eigenes Rezept für die Bodenzusammensetzung, auf das er schwört, und natürlich spielt es eine Rolle, ob man kalkliebende oder kalkfliehende Arten anpflanzen möchte. KARL FOERSTER, der Altmeister der Staudenkultur und -züchtung, widmet der Erdvorbereitung und Substratzusammensetzung in seinem Klassiker „Der Steingarten der sieben Jahreszeiten" ganze 24 Zeilen und meint lapidar, daß die Erde des Steingartens im großen und ganzen der von Gartenbeeten entspricht. Dennoch sind ein paar Bemerkungen zu diesem Thema angebracht, damit gravierende Fehler von Anbeginn an ausgeschaltet werden können.

Die Erde

Niedrig bleibende Felspflanzen, ob sie nun aus Bergregionen, Steppen, aus der Heide oder dem Tiefland stammen, sind in der Regel genügsame Gewächse, aber keine Trockenblumen. Da der überwiegende Teil von ihnen im neutralen bis leicht sauren Bereich (pH 7 – 6,5) des Bodens lebt, wird man die Erde des eigenen Gartens als Ausgangsmaterial für den üblichen Steingarten, der noch keine empfindlichen Arten beherbergt, verwenden können. Es dürfte jedoch empfehlenswert sein, den pH-Wert, also den Säuregrad, mit Hilfe eines im Fachhandel erhältlichen einfachen Test-Sets oder mit Indikator-Stäbchen zu überprüfen. Das Ergebnis zeigt, ob Zusätze zur pH-Regulierung notwendig sind.

Ein zu saurer Boden mit niedrigen pH-Werten läßt sich durch Aufkalken mit mildem und lange wirkendem Kalkmergel in einen pflanzenverträglichen, d. h. etwa neutralen Zustand bringen. Schwieriger ist es, einen übermäßig hohen Kalkgehalt in den Griff zu bekommen. Das Einarbeiten von Rindenhumus mag kurzzeitig nützen, ist aber sicher keine Dauerlösung. Hier hilft nur eine individuelle Verbesserung der Bodenverhältnisse bei einzelnen kalkfliehenden Gewächsen, bei denen dann auch eine wiederholte Einarbeitung von säurefördernden Materialien wie Rindenprodukten oder auch ausnahmsweise Torf vorgenommen werden kann. Oder man setzt die Pflanzen in bodengleich eingesenkte Behälter mit der richtigen Erdmischung.

Lehmig-sandig und humos – das wäre der Idealzustand einer guten Steingartenerde. Diesem Optimum kann man sich annähern, wenn das Substrat um fehlende Substanzen angereichert wird.

❀ Ist das Erdreich sehr leicht und durchlässig, fügt man reifen Kompost, Lehmboden oder, falls erhältlich, gut verrotteten Stallmist zu.

❀ Umgekehrt wird schwere, kalte, die Feuchtigkeit lange haltende Erde lockerer und krümeliger, wenn man sie ebenfalls mit Kompost oder Stallrotte und zusätzlich mit Sand poröser macht.

❀ Wo Kompost nicht greifbar ist, kann auch ein organischer Humusdünger aus dem Fachhandel dessen Aufgabe übernehmen.

❀ Anstelle des früher als bevorzugtes Lockerungsmittel empfohlenen Torfs kommen heute Rindenhumus oder Rindenkompost zur Anwendung.

Wer erst einmal Freude an seinem Steingarten gefunden hat und Pflanzen mit besonderen Ansprüchen an die Bodenbeschaffenheit kultivieren möchte, wird entsprechende Spezialquartiere vorbereiten und die vorgesehenen Teilflächen zusätzlich mit Rindenprodukten oder in diesem besonderen Fall auch mit Schwarztorf ansäuern, für kalkliebende Arten Dünge- oder Algenkalk einarbeiten.

Der Neuling und Anfänger sollte sich besser für ein pflanzliches Basissortiment mit Gewächsen entscheiden, die sowohl kalkarmen als auch kalkhaltigen Boden akzeptieren. Diese indifferenten Arten sind glücklicherweise in der Überzahl, denken wir nur an Steinkraut, Blaukissen, Gänsekresse, Schleifenblume oder Polsterphlox, mit denen sich prachtvolle Farbwirkungen und -teppiche erzielen lassen.

Gestaltungsüberlegungen bei der Anlage

Es wurde schon gesagt, daß der gut und überlegt gestaltete Steingarten ein Stück Landschaft en miniature widerspiegeln soll, ohne daß hier bühnenbildnerische Perfektion gefragt ist. Doch etwas Überlegung ist die Sache schon wert, bevor man aus dem Drang, möglichst bald in den Genuß des Blüten- und Pflanzenwunders zu kommen, im nachhinein schwer korrigierbare, endgültige Verhältnisse schafft. Die Bodenmodellierung, Hügel und Senken müssen geschaffen werden, ehe womöglich schwere Steinblöcke plaziert und die Pflanzen an ihren Platz gesetzt sind.

Natürlich gibt es keine Patentrezepte oder gar fix und fertig auf Millimeterpapier festgelegte Pläne, die dann nur noch maßstabsgetreu auf das eigene Areal zu übertragen wären. Und wer wollte das schon? Schließlich soll auch der Steingarten wie das andere Grün am Haus die Visitenkarte seines Erschaffers und Besitzers darstellen, Zeugnis von seinem Geschmack und Schönheitssinn ablegen. Nicht zuletzt hängt es von der Größe, dem Zuschnitt, den Nachbarpflanzungen und der Lage ab, was möglich und machbar ist.

Trittsteine und Wege

Dieses Beiwerk kann sowohl eine optische, wie auch eine recht praktische Funktion haben; denn je nach Größe und Art des Steingartens wird man bereits bei der Anlage dafür sorgen müssen, daß die Pflanzen und einzelne Bereiche jederzeit gut zugänglich sind. Andernfalls ist die unumgängliche Pflege erschwert, man muß zwischen die Gewächse treten, tappt dabei herum wie der Storch im Salat und kann Schädigungen dennoch nicht vermeiden. Schlimmer noch: Beim Unkrautjäten, Teilen, Umsetzen, bei Neupflanzungen und anderen Arbeiten wird der Boden verfestigt, der Wasserabfluß behindert und den zarten Wurzeln die Luft genommen. Nachträgliches Hacken und Auflockern schadet dann trotz aller Behutsamkeit mehr, als es nützt.

Geschickt und planvoll verlegte Trittsteine stören das Gesamtbild keineswegs, sie können sogar ihrerseits wieder zu einem Gestaltungselement werden. Anders als im architektonischen oder regelmäßigen Steingarten, in dem Wege, Treppen, Mäuerchen exakt verlegt und gebaut sein müssen, geht die natürliche Anlage vom Landschaftsbild aus, und dementsprechend haben sich die begehbaren Pfade in das Ganze einzufügen.

Richtige Wahl der Steine

Das Plattenmaterial muß also mit den Steinen korrespondieren, Waschbeton paßt nicht zu den Natursteinen, von denen der Garten geprägt wird. Gebrochene Granit- und Sandsteinplatten, unregelmäßig verlegt, fügen sich eigentlich immer ein.

Verlegen der Trittsteine

Man sollte auch in einer kleinen Anlage darauf achten, daß die Trittfläche nicht zu schmal bemessen ist, sonst artet je-

de Arbeit zu einem Balanceakt aus, und am Ende steht man mit einem Schuh doch in der weichen Erde. Besondere Auflagen oder Fundamente sind nicht notwendig, man hebt nur gerade so viel Boden aus, daß die Platte niveaugleich mit der Pflanzfläche hineinpaßt.

Wege

Etwas anders verhält es sich bei einem großen Steingarten, in dem man die einzelnen Bereiche und Bepflanzungsinseln über einen hindurchführenden Weg »erwandert«. Hinsichtlich der Wahl des Materials gilt das vorher Gesagte, allerdings kann es hier notwendig werden, größere Platten durch einen Unterbau von Splitt oder Kies in einem flach ausgekofferten Bett zu sichern.

Korrekturen

Wo Trittplatten oder Wege im nachhinein zu dominierend erscheinen, lassen sich im Steingarten mit Hilfe von Teppichgewächsen oder polsternden Einzelpflanzen ohne weiteres Korrekturen vornehmen. Sie kaschieren oder überwuchern die Pfade, lassen störende Ecken und Kanten verschwinden, können aber andererseits durch Auslichten und Abstechen jederzeit im Zaum gehalten werden.

Die Steine

Der Steingarten darf niemals zur Geröllhalde entarten – das sollte man sich stets vor Augen halten, wenn es um die Ausstattung der Anlage mit den nächst

den Pflanzen wichtigsten oder ihnen sogar gleichwertigen Naturmaterialien geht.
Wie bei so vielem im Garten trifft auch hier zu, daß weniger mehr ist. Einige geschickt verteilte große Steine sehen besser aus als viele kleine, wobei natürlich die Proportionen stimmen müssen. Gibt das Flächenausmaß genügend her, können sich sogar ein oder zwei große Findlinge gut machen, im kleinen Garten wirken sie nur dann nicht deplaziert, wenn man sie in den Hintergrund, sozusagen als Abschluß der Anlage stellt.

Schattenwurf

Zu bedenken ist darüber hinaus nicht nur die optische Wirkung, sondern auch der Schattenwurf von Steinen, an deren kühler Seite sich dann der prallen Sonne abholde Pflanzen wie kleine Farne einquartieren ließen. Andererseits sollte der Wunsch zur Erzeugung von Schattenplätzen in einem nach Süden gelegenen Gelände nicht dazu verführen, Steinpyramiden aufzutürmen oder gar mit Hilfe von Zement in die Höhe zu mauern.
Dagegen ist es durchaus möglich und kann ansprechend aussehen, wenn man zwei längsformatige Steinblöcke dicht nebeneinander legt, besonders wenn dahinter eine kleine Erdaufschüttung möglich ist, so daß hier eine Abstufung entsteht und die Fuge zusätzlich bepflanzt werden kann. Es gibt unendlich viele Möglichkeiten, mit dem Steinmaterial »zu spielen«, bevor man das endgültige, befriedigende Ergebnis erzielt hat.

Richtige Wahl

Außer im Heidegarten sind große, rundgeschliffene Granitsteine oder Flußkiesel weniger geeignet, und auch Bruchblöcke mit scharfen Kanten sehen leicht unnatürlich und nicht immer ansprechend aus. Ein optischer Kniff bei derartigen Materialien besteht darin, die Steine in Mulden zu betten, so daß nur Teile von ihnen aus dem Boden schauen. Auf diese Weise lassen sich auch Blöcke integrieren, die für die Anlage, einfach obenauf gelegt, zu groß wären. Schließlich läßt sich auch für Natursteinplatten im Felsgarten Verwendung finden, wenn man sie zu einer Minimauer übereinander schichtet, die man seitlich oder als Abschluß im Hintergrund errichten kann. Aber Vorsicht: »Bauwerke« jeglicher Art setzen Geschmackssicherheit voraus.

Die Empfehlung, nach Möglichkeit einheitliches und im Idealfall in der Wohngegend vorkommendes Steinmaterial zu verwenden, läßt sich leider nicht immer verwirklichen, sollte aber auch nicht zu eng gesehen werden. Daß man helle und dunkle Blöcke nicht wahllos nebeneinander legen wird, versteht sich eigentlich von selbst. Weniger ins Auge fallende Farbabstufungen sind aber, insbesondere in einer etwas größeren Anlage, durchaus möglich.

* ❀ Kaum etwas falsch machen kann man mit Sandstein, der schon durch seine weichen gelblichen, rötlichen oder braunen Töne immer ansprechend aussieht.
* ❀ Schwarzer Basalt wirkt leicht düster, die von großen Blöcken abgesprengten Stücke sind hartkantig und lassen sich zur Abmilderung dieser Schärfen kaum von Hand bearbeiten.
* ❀ Granit in verschiedenen Grautönungen ist in seinen bruchrauhen Formen recht gut geeignet, wenn man ihn – nach einigen »Probeläufen« – richtig positioniert. Ausnehmend gut im großen Steingarten machen sich Granitfindlinge, denen man ansieht, daß sie die Zeit auf ihren breiten Rücken tragen.
* ❀ Dem Granit sehr ähnlich ist der ebenfalls hell- oder dunkelgraue Gneis.
* ❀ Kalksteine gibt es in verschiedenen Farbvariationen von Weißlichgrau bis Rötlichgrau.
* ❀ Porös und weich ist der weiße bis gelbe Kalktuff, auf dem sich kalkliebende oder indifferente Kleinstauden ausgesprochen wohl fühlen.
* ❀ Ebenfalls porös, aber wesentlich härter ist der weiße oder graue Muschelkalk.
* ❀ Kalksteinknollen bieten sich mit ihrer zerklüfteten Oberfläche und den ausgewaschenen Höhlen als Pflanzenquartier für Saxifragen, Glockenblumen und andere kalkverträgliche Pflanzen geradezu an (Gestaltungsbeispiele siehe Seite 51).

Bepflanzungspraxis

Es ist nur logisch und einleuchtend, daß der Bodenvorbereitung und dem Plazieren der Steine die Bepflanzung zu folgen hat. Eine andere Reihenfolge läßt sich kaum praktizieren, nur hat die Geschichte einen kleinen Haken: Liegt die fertig gestaltete Fläche vor einem,

sieht sie zunächst wenig einladend aus, und nur Pflanzenkenner oder erfahrene Gärtner können sich vorstellen, wie das optische Bild nach dem Einsetzen der Gewächse tatsächlich wirken wird. Die Arten und Sorten, die man anhand von Katalogen oder beim Besuch einer Gärtnerei ins Auge gefaßt hat, sind beim Kauf noch jung und präsentieren sich als Winzlinge; es fällt schwer, sie sich in ihrer endgültigen, ausgewachsenen oder ausgebreiteten Gestalt, blühend und voll belaubt, vorzustellen.

Andererseits hilft die Gewißheit, daß es nur besser werden kann, über die mögliche Enttäuschung beim Betrachten des frisch bepflanzten, aber dennoch recht kahl und unbelebt aussehenden Steingartens hinweg. In jedem Fall sollte man sich schon vor dem Aussuchen und Legen der Steine über Pflanzen informieren, die hier ihren Platz finden. Insbesondere bei einer größeren Anlage ist es darüberhinaus sicherlich von Nutzen, wenn man sich einen einfachen Plan anfertigt. Er sollte in etwa maßstabsgetreu sein, damit man vor allem die Gehölze in Endgröße und -umfang einzeichnen kann.

Pflanzenbeschaffung

Man kann davon ausgehen, daß nahezu alle heimischen Steingartenpflanzen gesetzlich geschützt sind, d.h. ihrem Naturstandort nicht entnommen werden dürfen. Jeder Gärtner, der sich der Natur verbunden fühlt und um ihre Bedrohung weiß, wird diese vernünftigen Verbote beachten. Außerdem hätten insbesondere Gebirgspflanzen, die

man aus ihrer gewohnten Umgebung entfernt, im Hausgarten kaum Chancen – wenn man nicht gerade eine Almhütte bewohnt! Zu den völlig anderen Klima- und Bodenverhältnissen kommen kaum vermeidbare Wurzelschäden beim Ausgraben – das meist eher einem Herausreißen gleicht – und lange Transportwege, alles Faktoren, die das Absterben vorprogrammieren.

Da Samen von Steingartenspezialitäten im Fachhandel kaum angeboten werden, wird man sich zumindest die Arten und Sorten der Erstbepflanzung in einer Gärtnerei kaufen müssen. Auch Gartencenter haben heute meist eine größere Auswahl dieser Gewächse als Containerware im Angebot, allerdings kann man dort kaum mit einer ausführlichen Fachberatung rechnen. Das beste ist der Besuch einer speziellen Staudengärtnerei, die nahezu alle, auch ausgefallenere Wünsche, erfüllen und die notwendigen Informationen zu den einzelnen Pflanzen geben wird. Hier erfährt man so manchen Kniff und Trick, bekommt die richtigen Pflegehinweise, wenn man die Besonderheiten des eigenen Steingartens beschreibt. Die nächstgelegenen Adressen stehen auf den gelben Seiten des Branchentelefonbuchs, wobei sich in diesem Fall auch eine längere Anfahrt unterm Strich bezahlt macht. Auch im Anhang auf Seite 70 finden Sie Bezugsquellen.

Pflanzzeit

Frühjahr, von Mitte März bis Anfang Mai, und Herbst, von September bis November, sind die »klassischen«

Pflanzzeiten für Gehölze und Stauden, wobei man immergrüne Bäume und Sträucher besser schon etwas früher, nämlich ab Ende August, in den Boden bringt. Im Frühling blühende Zwiebelblumen werden im September/Oktober gepflanzt (siehe auch Seite 25). Theoretisch lassen sich Gehölze den ganzen Winter über setzen, sofern der Boden nicht gefroren ist, aber schon aus praktischen Gründen wird man Herbst oder Frühjahr vorziehen. Grundsätzlich gilt, daß man Jungpflanzen frostempfindlicher Arten besser im Frühjahr pflanzt, um Winterschäden zu vermeiden.

Da immergrüne Laub- und Nadelgehölze, von Ausnahmen abgesehen, als Ballenware angeboten werden, kann man außer im Winter das ganze Jahr über pflanzen, dasselbe trifft für Stauden in Töpfen und Containern zu. Für den Hobbygärtner hat das den Vorteil, daß er auch noch im Sommer Lücken füllen oder eine besonders ins Auge stechende Art jederzeit in seinen Steingarten setzen kann, ohne unliebsame Folgen oder ein Nichtanwachsen befürchten zu müssen.

Erfahrene Liebhaber und Praktiker empfehlen als Pflanzzeit gerade für Steingartengewächse den Frühling, um den empfindlichen Arten das Risiko der Winternässe und die Temperaturschwankungen zu ersparen. Andererseits kann der Neubestand bei einer Pflanzung im Frühherbst noch gut anwachsen und sich akklimatisieren, so daß der Garten im Frühjahr bereits etwas hergibt. Feststehende Regeln lassen sich also nicht aufstellen, allerdings wäre es günstig, die vorgesehenen Zwerggehölze schon im September an ihren Platz zu setzen, damit dieses »Gerüst« bei der Staudenpflanzung im Frühjahr bereits vorhanden ist.

Pflanzung

Gepflanzt wird möglichst bei bedecktem Himmel oder gegen Abend, keineswegs in praller Sonne.

Gehölze

Ausgewählte Gehölzarten stellt man zunächst lose an die vorgesehenen Plätze, um ein Bild vom Gesamteindruck zu erhalten. Das empfiehlt sich auch dann, wenn vorher ein Plan gemacht wurde, weil der Augenschein häufig doch noch zu nachträglichen Korrekturen zwingt. Bei Ballen- oder Containerware sollte man sich vor dem Pflanzen davon überzeugen, daß das Substrat ausreichend feucht ist und im Zweifelsfall den ge-

Vor der Pflanzung wird der Wurzelballen ausreichend gewässert.

samten Wurzelballen in ein größeres Gefäß mit Wasser stellen, damit sich die Erde vollsaugen kann.

Das Pflanzloch muß etwas größer als der Wurzelumfang sein und so tief, daß der Stand der Gehölze dem in der Baumschule entspricht. Steht das Exemplar an seinem Platz, wird die Verknotung oder Verschnürung des Ballentuchs gelöst, das Gewebe selbst nach allen Seiten hin weggeklappt. Wer sichergehen will, zieht das Tuch vorsichtig unter dem Wurzelballen weg und entfernt es ganz; es ist schon vorgekommen, daß die Ballenumhüllung aus schwer verrottbarem Kunststoffgewebe bestand, in dem die Wurzeln wie in einem Korsett eingezwängt waren und das Wachstum stockte.

Kleinstauden

Als nächstes kommen dann die Kleinstauden an die Reihe, die ebenfalls zunächst nur an ihre Plätze gestellt und erst, wenn alles stimmt, eingepflanzt

werden. Ist der Wurzelballen im Topf sehr fest und verfilzt, wird er mit einem kleinen Hölzchen seitlich aufgelockert; wachsen Wurzelstränge durch die Abzugslöcher im Gefäßboden, sollte man sich nicht bemühen, sie dort herauszuziehen. In diesem Fall ist es sicherer, das Gefäß zu zerschlagen bzw. aufzuschneiden und die Pflanze garantiert unbeschädigt und mit intaktem Wurzelwerk zu entnehmen.

Nachdem das Pflanzloch wieder mit dem Aushub aufgefüllt und das Substrat leicht festgedrückt wurde, damit die Wurzeln guten Bodenkontakt bekommen, ist reichlich zu wässern – nicht mit einem starken Schwall, sondern langsam und durchdringend; insbesondere bei den Gehölzen sollte ein kleiner Gießrand vorhanden sein, damit das Wasser später nicht wegfließt.

Zwiebel- und Knollengewächse

Die Pflanzung von Zwiebel- und Knollengewächsen ist auf Seite 25 beschrieben.

Die Pflanzen des Steingartens

Die Arten- und Sortenvielfalt der für den Steingarten in Frage kommenden Gehölze und Stauden ist so riesengroß, daß immer nur eine kleine Auswahl geboten werden kann.

Ausgesprochene Raritäten des Sortiments alpiner Stauden findet man in

Spezialgärtnereien (Anschriften siehe Seite 70), aber auch beim Gang durch Gartencenter und Gärtnereien wird man immer wieder auf Steingartenpflanzen stoßen, die interessant erscheinen und einen Versuch im eigenen Garten wert sind.

Pflanzen des Steingartens

Zwergnadelgehölze

Diese Formen bestechen nicht nur durch ihre Kleinwüchsigkeit, sondern auch mit interessantem Habitus, wie z.B. kegelförmig, kugelig, flach niederliegend, breit, kissenbildend, säulenförmig, schlank aufrecht. Hinzu kommen Nadelfärbung und -form, interessanter Austrieb oder veränderliche Farbvarianten im Lauf des Jahres.

Die Wuchshöhe der ab Seite 19 beschriebenen Kleinkoniferen liegt zwischen 50 und 100 cm (Pflanzung siehe Seite 14, Pflanzzeit siehe Seite 13).

Rechts:
Oben und unten: Steingärten lassen sich auf vielerlei Arten gestalten (Gestaltungsbeispiele siehe ab Seite 41).

Seite 18:
Eine Trockenmauer läßt sich mit Mittagsblumen, *Sedum*-Arten und verschiedenen Dachwurzen schön bepflanzen.

Unten:
Zwergnadelgehölze geben durch ihre verschiedenen Wuchsformen interessante Gestaltungselemente für den Steingarten.

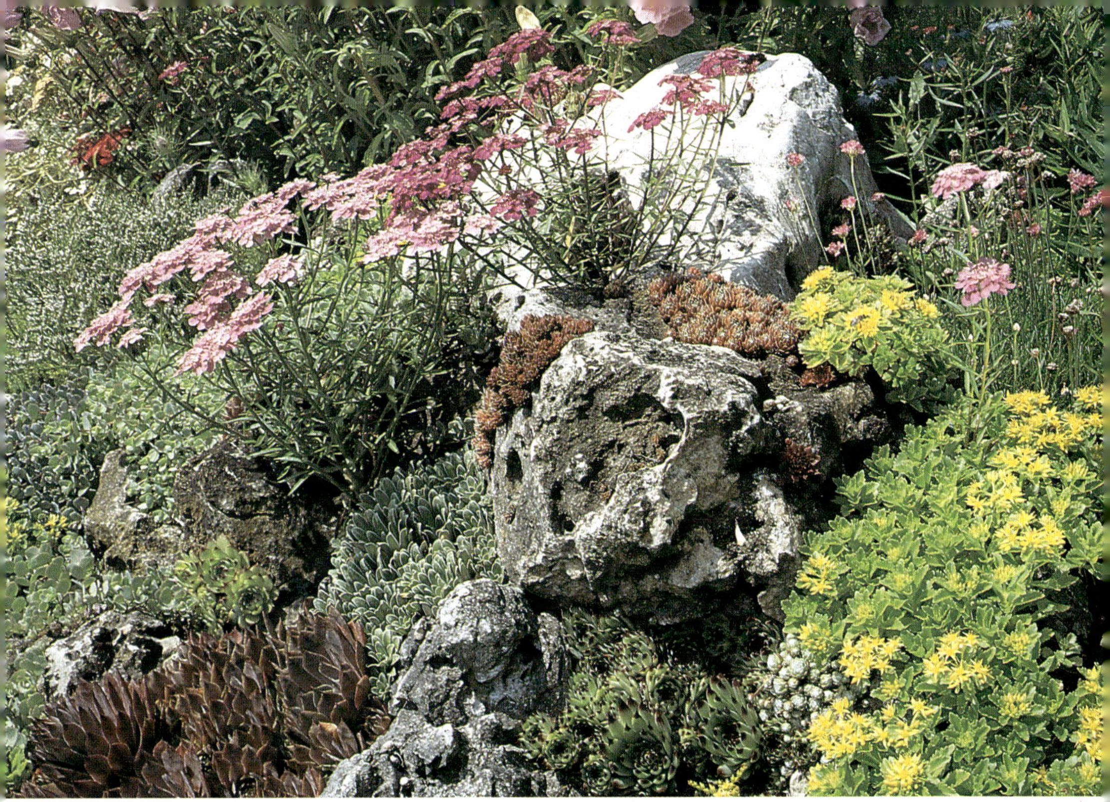
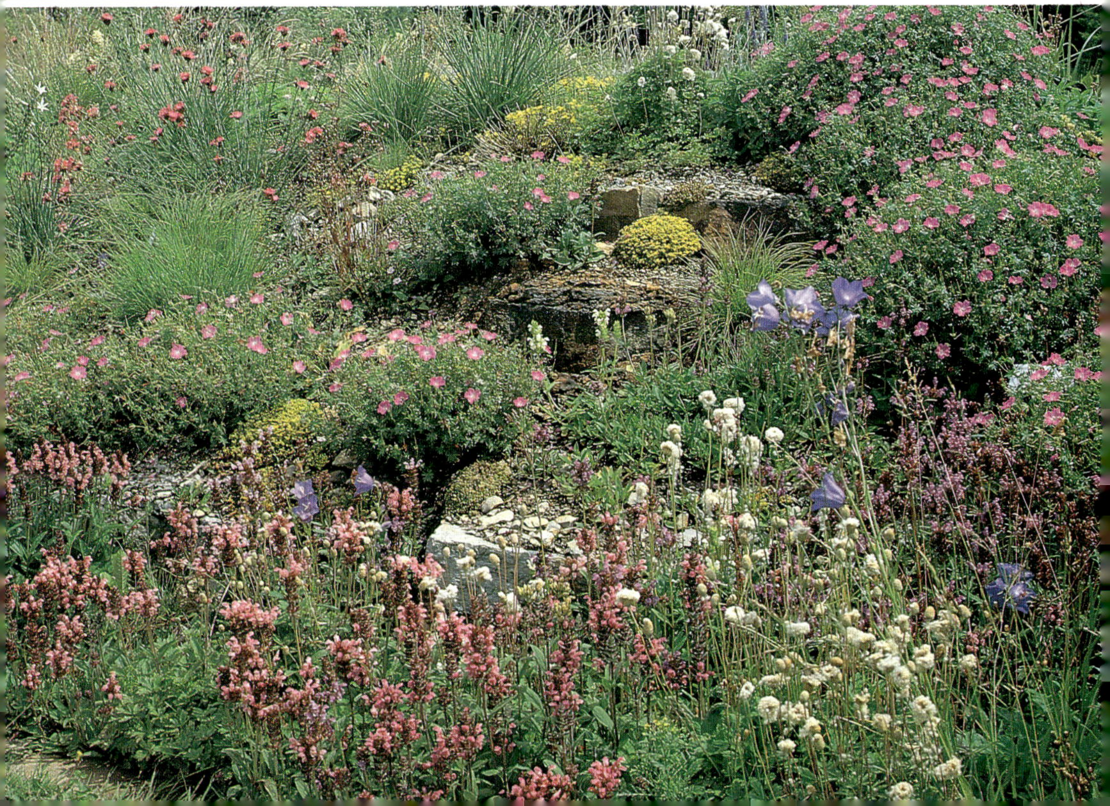

Zwergnadelgehölze

Auswahl von Zwergnadelgehölzen	
Botanischer/deutscher Name	**Beschreibung; Pflegehinweise**
***Abies*, Tanne**	
A. balsamea f. *hudsonia* 'Nana'	kissenförmig, Nadeln schwarzgrün; kalkliebend
A. cephalonica 'Meyer's Dwarf'	breitwüchsig, niedrig; akzeptiert Hitze und Trockenheit
A. koreana 'Piccolo'	flach ausgebreitet, 30 cm hoch, 150 cm breit; kalkverträglich, auch für Nordlagen
A. procera 'Blaue Hexe'	sehr flach, gewölbt, weniger hoch als breit
***Chamaecyparis*, Scheinzypresse**	
C. lawsoniana 'Minima Aurea'	kugelig, hellgelbe Benadelung; verträgt Halbschatten
C. lawsoniana 'Nidiformis'	Zweige überhängend, Nadeln blaugrün; verträgt Halbschatten
C. obtusa 'Hage'	breit-kugelförmig, Nadeln klein, frischgrün; liebt Halbschatten
C. obtusa 'Nana Pyramidalis'	kegelförmig, dichtbuschig; liebt Halbschatten
C. obtusa 'Rigid Dwarf'	straff, aufrecht; liebt Halbschatten
***Juniperus*, Wacholder**	alle Wacholder lieben leichte Böden und sonnigen Stand
J. chinensis 'Gold Coast'	breit und flach, Triebspitzen goldgelb
J. chinensis 'Plumosa Aurea'	breit, Nadeln goldgelb, im Winter bronzegelb
J. communis 'Hornibrookii'	50 cm hoch, bis 200 cm breit, bodendeckend
J. communis 'Nana Aurea'	50 cm hoch, breitbuschig, goldgelbe Nadeln
J. horizontalis 'Blue Chip'	flach und niedrig, Nadeln silberblau
J. horizontalis 'Glauca'	flach und bodennah, blaue Nadeln
J. horizontalis 'Plumosa'	50 cm hoch, 250 cm breit, im Winter purpurn
J. sabina 'Tamariscifolia'	niedrig, flach ausgebreitet
J. squamata 'Blue Star'	halbkugelig, dicht, blauweiße Nadeln

Pflanzen des Steingartens

Auswahl von Zwergnadelgehölzen	(Fortsetzung)
Botanischer/deutscher Name	**Beschreibung; Pflegehinweise**
Picea, **Fichte**	als Flachwurzler auch für leichtere Böden geeignet
P. abies 'Compacta'	kugelig, gedrungen, dicht
P. abies 'Little Gem'	flach-kugelig
P. abies 'Pumila Glauca'	breit und flach
P. abies 'Pygmaea'	kugelig bis kegelförmig, dicht
P. glauca 'Echiniformis'	flach-kugelig, Nadeln blaugrün bereift; auch für extrem kalte Lagen
P. omorica 'Minima'	breit-kugelig bis abgeflacht; auch für trockene Standorte, windfest, industriehart
P. omorica 'Pimoco'	abgeflacht-buschig, dicht; auch für trockene Standorte, windfest, industriehart
Pinus, **Kiefer**	auch für ärmste Böden und rauhe Lagen
P. mugo 'Hesse'	kissenförmig, dicht-kompakt
P. mugo 'Kobold'	breit-kugelig
P. mugo 'Laurin'	kugelig bis aufrecht, Nadeln schön dunkelgrün
P. nigra 'Helga'	kompakt aufrecht
P. pumila 'Dwarf Blue'	breiter als hoch, intensiv blaue Nadeln
P. uncinata 'Ofenpaß'	grazil, Mini-Zuckerhut mit reingrünen Nadeln
Taxus, **Eibe**	
T. baccata 'Cavendishii'	flach ausgebreitet, blaugrüne Nadeln; schattenverträglich, kalkliebend
Thuja, **Lebensbaum**	industriefest, anspruchslos
T. occidentalis 'Danica'	breit-kugelig, dicht, Nadeln frischgrün
T. occidentalis 'Tiny Tim'	kugelig, dicht verzweigt
Tsuga, **Hemlocktanne**	halbschattig, keine trockenen, heißen Lagen
T. canadensis 'Jeddeloh'	halbkugelig, Zweige spiralig
T. canadensis 'Nana'	Äste waagerecht ausgebreitet

Laubgehölze

Sommer- und immergrüne Laubgehölze

Wuchsform, Belaubung, Blüte: darauf sollte man sein Augenmerk richten, wenn es um die Auswahl von Laubgehölzen für den Steingarten geht. Die immergrünen Arten bringen zudem zusammen mit den Zwergkoniferen auch im Winter Leben in die Anlage und bereiten uns im Vorfrühling auf den beginnenden Blütenflor der Stauden vor.

Da heute auch Gehölze als kleine Jungpflanzen in Töpfen oder Kunststoffcontainern angeboten werden, muß man aufpassen, daß man beim Kauf nicht das Falsche erwischt und aus dem vorgeblichen Mini im Lauf der Zeit ein ausgewachsener Baum wird.

Die hier genannten Arten und Sorten bleiben alle unter 2 m Wuchshöhe, teilweise handelt es sich um Zwergsträucher, die mit 30 cm bereits ihre Endgröße erreicht haben. Für ausgedehnte Anlagen kommen selbstverständlich auch Bäume und Sträucher in Frage, die nicht mehr zu den Kleinformen zählen und die man an entsprechende, optisch vorteilhafte Plätze setzt (Pflanzung siehe Seite 14, Pflanzzeit siehe Seite 13).

Auswahl von sommer- und immergrünen Laubgehölzen	
Botanischer/deutscher Name	**Beschreibung; Pflegehinweise**
Artemisia abrotanum, Erdbeerraute	Höhe 100 cm, graubehaarte, aromatisch duftende Blätter; trockene, sonnige Lagen, kalkhaltige Böden
Berberis buxifolia 'Nana', Berberitze*	30–50 cm, rundlich, dichtbuschig; leicht beschattete Lage
*B. candidula**	60 cm, Laub glänzend dunkelgrün, unterseits weiß, rundlich dicht; leicht beschattete Lagen
B. thunbergii 'Atropurpurea Nana'	30 cm, purpurrotes Laub, im Herbst karminrot; alle sommergrünen *B.* lieben volle Sonne und vertragen Trockenheit
B. thunbergii 'Green Carpet'	100 cm, orangerotes Herbstlaub
B. thunbergii 'Kobold'	40 cm, Blätter dunkelgrün
Betula nana, Birke	50 cm, zierlicher, hübscher Strauch; kalkempfindlich, möglichst heller Standort
B. pendula 'Trost Dwarf'	150 cm, tiefgeschlitztes Laub; möglichst heller Standort

Pflanzen des Steingartens

Auswahl von sommer- und immergrünen Laubgehölzen (Fortsetzung)	
Botanischer/deutscher Name	**Beschreibung; Pflegehinweise**
Caryopteris x *clandonensis*, Bartblume	100 cm, dunkelblaue Blüten im August/September; sonniger Stand, Triebe frieren zurück und treiben neu aus
Ceanothus americanus, Säckelblume	100 cm, lange weiße Blütenrispen von Sommer bis Herbst; warme, trockene Lagen, sonnig
Ceratostigma plumbaginoides, Hornnarbe	30 cm, tiefblaue Blüten im September/Oktober, Bodendecker; Sonne bis Halbschatten
Choenomeles japonica, Zierquitte	100 cm hoch und breit, rote Blüten ab März; Sonne bis Halbschatten
Cotoneaster congestus, Zwergmispel* *C. dammeri* in Sorten*	50 cm, rötliche Blattfärbung im Winter; sonnig bis leicht beschattet 20–100 cm, Bodendecker und Flächenfüller; sonnig bis leicht beschattet
Cytisus decumbens, Geißklee *C. purpureus*	20 cm, gelbe Blütenfülle im Mai/Juni; für trockene kalkhaltige Standorte, sonnig 50 cm, purpurrote Blüten im Juni/Juli
Deutzia gracilis, Deutzie, Maiblumenstrauch	80 cm, weiße Blütenrispen im Mai/Juni; für frische Böden, bei Trockenheit Blütenfall
Euonymus fortunei in Sorten, Spindelstrauch*	10–100 cm, kriechend, schattenverträglich; für Sonne wie Halbschatten
Forsythia virdissima 'Bronxensis', Forsythie	50 cm, dunkelgelbe Blüten im Mai; sonnige Standorte
Gaultheria procumbens, Scheinbeere*	20 cm, Bodendecker, leuchtendrote, kugelige Früchte, lange haltend; Halbschatten, durchlässige Böden

Laubgehölze

Auswahl von sommer- und immergrünen Laubgehölzen (Fortsetzung)	
Botanischer/deutscher Name	**Beschreibung; Pflegehinweise**
Hedera helix 'Conglomerata', Efeu*	100 cm, aufrecht wachsend; für Halbschatten und Schatten
Hypericum calycinum, Johanniskraut*	40 cm, für Sonne wie Schatten, goldgelbe Blüten von Juli bis September, Bodendecker; sonnig bis leicht beschattet, humose Böden
H. 'Hidcote'*	150 cm, goldgelbe Blüten von Juli bis Oktober; sonnig bis leicht beschattet, humose Böden
Kalmia angustifolia 'Purpurflor', Lorbeerrose*	60 cm, purpurrote Blüten im Juni/Juli; Halbschatten, kalkfeindlich
Lavandula angustifolia in einigen Sorten, Lavendel*	50 cm, blaue Blüten im Juli/August; gedeiht auch auf trockenen Kalkböden, sonnig
Lonicera nitida in einigen Sorten, Heckenkirsche*	100 cm, rahmweiße Blüten im Mai; schattenverträglich, für alle Böden
L. pileata *	30 cm, niederliegend, breitwüchsig; schattenverträglich, für alle Böden
Moltkia petraea, Moltkie	30 cm, blaue Blüten im Juni/Juli; sonnig
Perovskia abrotanoides, Blauraute, Silberstrauch	80 cm, lila Blüten im August/September; vollsonnig, trockenresistent, durchlässige Böden
Prunus pumila var. *depressa,* Sandkirsche	30 cm, flach niederliegend, weiß blühend; sonniger Platz
Rhododendron in vielen Arten, Alpenrose*	20–150 cm, alle kleinbleibenden Arten und Hybriden wollen halbschattige Standorte und humose, kalkfreie, frische Böden

Pflanzen des Steingartens

Auswahl von sommer- und immergrünen Laubgehölzen	(Fortsetzung)
Botanischer/deutscher Name	**Beschreibung; Pflegehinweise**
Salix x *boydii*, Zwergweide	50 cm, straff aufrecht wachsend; sonnig, ausreichend Bodenfeuchte
S. x *grahamii*	30 cm, kriechend, auch als Bodendecker; sonnig
S. helvetica	50 cm, weißfilzige Blätter; sonnig, ausreichend Bodenfeuchte
S. serpillifolia	10 cm, bis 10 mm lange Blätter, gehäuft an den Triebenden, dicht niederliegend; sonnig, ausreichend Bodenfeuchte
Sorbus reducta, Eberesche	50 cm, karminrote Herbstblätter und Früchte; Sonne bis Halbschatten
Spiraea albiflora, Spierstrauch	50 cm, weiße Blüten im Juli/August; sonnig
S. betulifolia	80 cm, weiße Blütenstände im Mai/Juni; verträgt auch Halbschatten
S. japonica 'Alpina'	30 cm, rosa Blütenstände im Juni/Juli; sonnig
S. japonica 'Golden Princess'	50 cm, rosa Blüten, goldgelbes Laub; sonnig
Syringa meyeri 'Palibin', Flieder	80 cm, violette Blüten im Juni; trockenresistent, hoher Nährstoffbedarf, sonnig
Teucrium massiliense, Gamander*	25 cm, karminrote Blüten von Juni bis Herbst; sonnig
* immergrün	

Stauden

Hier eröffnen sich dem Gärtner schier unübersehbare Möglichkeiten des Pflanzeneinsatzes!

Es ist alles vertreten, was man sich nur wünschen kann, soweit es die klimatischen Bedingungen, die Kulturvoraussetzungen und die Gestaltung des Steingartens zulassen. So verlockend

die Angebote vor allem der Spezialkataloge und -betriebe auch sein mögen – insbesondere der Anfänger sollte sich nicht zu unüberlegten Käufen verleiten lassen. Raritäten und Arten mit besonderen, differenzierten Ansprüchen müssen einem späteren Zeitpunkt vorbehalten bleiben, wenn Kenntnisse und gesammelte Erfahrungen allzu große Risiken ausschließen.

Auch so sind zu Beginn der Steingärtnerei vereinzelte Mißerfolge nie ganz auszuschließen, kleine Opfer, die schließlich jedes Hobby anfänglich begleiten.

Bei der Auswahl der Stauden (siehe Tabelle ab Seite 26) sind mehrere Kriterien zu beachten, soll die Erstbepflanzung zu einem harmonischen, befriedigenden Gesamtbild führen:

❀ Die unterschiedlichen Ansprüche der einzelnen Pflanzen müssen erfüllt werden können.

❀ Die Endgröße ist bei der Platzwahl zu berücksichtigen und muß auf benachbarte Arten abgestimmt werden.

❀ Die Farben von zur selben Zeit blühenden, dicht nebeneinander stehenden Gewächsen sollten harmonieren.

❀ Man darf schließlich nicht vergessen, daß das Gartenjahr vom frühen Frühjahr bis zum Herbst dauert und daß der Steingarten während dieser langen Spanne zwischenzeitlich nicht veröden darf. Die Blütezeiten der einzelnen Arten spielen beim Pflanzenkauf also eine wichtige Rolle.

Zur Pflanzzeit der Stauden siehe Seite 13, die Pflanzung ist auf Seite 14 beschrieben.

Zwiebel- und Knollengewächse

Kein Steingarten ohne den Frühlingsflor der kleinen Zwiebel- und Knollenblumen, die das Blütenjahr einläuten und erste farbliche Höhepunkte zwischen die Steine zaubern. Dennoch sollte man nicht zuviel des Guten tun. Wird eine Anlage mit den reizenden Blühern überfrachtet, tritt nach dem zeitigen Paukenschlag nur allzuleicht Stille ein, das aufragende, schmale Zwiebellaub stört die Matten- und Teppichgewächse, schafft optische Unordnung und stört das gesamte Bild. Denn die Blätter von Tulpen, Narzissen, Krokussen und anderen müssen stehenbleiben, bis sie von selber verschwinden oder einziehen. Sie sorgen dafür, daß die Zwiebeln Nährstoffe aufnehmen und speichern können, sind also der Garant für den nächstjährigen Flor. Pflanzenauswahl ab Seite 29!

Pflanzung und Pflanzzeit

Kleinzwiebeln setzt man stets in Horsten von zehn bis zwölf Stück, bei größeren Flächen auch mehr zusammen, dasselbe gilt für Tulpen und Narzissen, die einzeln ziemlich verloren wirken würden.

Alle Zwiebeln und Knollen wünschen einen durchlässigen Boden, in dem das Wasser nicht stehenbleibt, eine Forderung, die im Steingarten meist ohnedies erfüllbar ist. Auch in den Nährstoffbedürfnissen sind Zwiebelblumen den anderen anspruchslosen Wildstauden angepaßt und brauchen nur im Herbst eine Handvoll Hornspäne oder Kompost bzw. beides. (Fortsetzung Seite 29)

Pflanzen des Steingartens

Die schönsten Steingartenstauden (Auswahl)

Botanischer Name	Deutscher Name	Blüten-farbe	Wuchs-höhe in cm	Blüte-zeit (Monat)	Kalk-bedarf
Acaena macrophylla	Stachelnüßchen	karminrot	10	VI–VII	
Adonis vernalis	Adonisröschen	leuchtendgelb	25	IV	
Aethionema grandiflorum	Steintäschel	lilarosa	20	VI–VII	
Alyssum saxatile	Steinkraut	gelb	30	IV–VI	
Androsace sarmentosa	Mannsschild	rosa	10	V–VI	
Antennaria dioica	Katzenpfötchen	rosa/weiß	15	V–VI	
Anthyllis montana	Bergwundklee	karminrot	10	VI–VII	
Aquilegia in Arten	Akelei	blau/violett	15–25	VI–VII	
Arabis in Arten	Gänsekresse	weiß/rosa	10–20	IV–V	
Arenaria montana	Sandkraut	weiß	5	IV–VII	
Armeria maritima	Grasnelke	rosarot	15	IV–V	
Asperula hirta	Meister	lilarosa	15	VI–VII	
Aster alpinus	Alpenaster	violett/weiß	20–30	V–VI	
Aubrieta-Hybriden	Blaukissen	blau/rot	10	IV–V	
Campanula in Arten	Glockenblume	blau	10–30	VI–VIII	
Corydalis nobilis	Lerchensporn	gelb	30–50	V	+

Die schönsten Steingartenstauden (Auswahl)					
Botanischer Name	**Deutscher Name**	**Blütenfarbe**	**Wuchshöhe in cm**	**Blütezeit (Monat)**	**Kalkbedarf**
Dianthus in Arten	Nelke	rot/weiß	5–40	V–VIII	+ (die meisten)
Doronicum caucasicum	Gemswurz	leuchtendgelb	40	IV–V	
Draba in Arten	Hungerblümchen	gelb	5–10	IV	+
Dryas octopetala	Silberwurz	weiß	10	V–VI	
Erigeron in Arten	Berufkraut	blau/weiß	15	VI–VIII	
Erinus alpinus	Alpenbalsam	purpurrosa	15	V–VIII	
Gentiana in Arten	Enzian	dunkelblau/violett	10–50	V–IX	
Geranium in Arten	Storchschnabel	rosa/rot/violett	10–15	VI–VIII	
Geum montanum	Nelkenwurz	gelb	15	V–VII	
Globularia cordifolia	Kugelblume	blau/weiß	5–20	V–VI	+ (die meisten)
Gypsophila in Arten	Schleierkraut	weiß/rosa	5–15	V–VIII	+
Haberlea rhodopensis	Haberlee	violett	10	V	
Helianthemum-Hybriden	Sonnenröschen	gelb/rot	20	VI–VIII	+
Helichrysum milfordiae	Strohblume	blaßrosa	5	V–VII	+
Helleborus niger	Christrose	weiß	30	XII–III	
Hepatica nobilis	Leberblümchen	blau/weiß	10	III–IV	
Hieracium villosum	Habichtskraut	gelb	20	VI–VII	
Iberis saxatilis	Schleifenblume	weiß	10	V–VI	
Leontopodium alpinum	Alpenedelweiß	weiß	20	VI–IX	+
Lewisia-Hybriden	Bitterwurz	weiß/gelb/rot	20	VI–VIII	+
Linaria alpina	Alpenleinkraut	blau	5–10	VI–IX	
Linum in Arten	Lein	gelb/blau	10–30	V–VII	−
Lychnis alpina	Alpenpechnelke	rosa	20	VI–VIII	−

Pflanzen des Steingartens

Die schönsten Steingartenstauden (Auswahl)

Botanischer Name	Deutscher Name	Blüten-farbe	Wuchs-höhe in cm	Blüte-zeit (Monat)	Kalk-bedarf
Myosotis rehsteineri	Vergißmeinnicht	blau	5	IV–VII	
Oenothera missouriensis	Nachtkerze	gelb	15	IV–VI	
Omphalodes verna	Gedenkemein	blau/weiß	15	IV–VI	
Origanum vulgare	Dost	rosalila	15	VII–X	
Papaver nudicaule	Islandmohn	weiß/gelb/rot	20–40	IV–IX	
Penstemon in Arten	Bartfaden	blau/rot	10–20	V–VII	
Phlox subulata	Polsterphlox	blau/rot/weiß	10–15	V–VI	
Potentilla in Arten	Fingerkraut	gelb/rot	5–20	V–VIII	
Primula in Arten	Primel	in vielen Farben	5–30	III–VI	
Pulsatilla vulgaris	Kuhschelle	blauviolett	20–25	III–VI	+ +
Ramonda nathaliae	Felsenteller	blauviolett	15	V–VI	
Ranunculus in Arten	Hahnenfuß	weiß/gelb	5–25	IV–IX	
Saponaria ocymoides	Seifenkraut	rosa/weiß	15	V–VIII	+
Saxifraga in Arten	Steinbrech	weiß/gelb/rot	1–30	VI–VIII	
Scutellaria in Arten	Helmkraut	weiß/lila/gelb	15–30	VI–VIII	
Sedum in Arten	Fetthenne	gelb/weiß	5–10	V–VII	
Sempervivum in Arten	Hauswurz, Dachwurz	rot/rosa	3–15	VI–VII	
Senecio abrotanifolius	Kreuzkraut	orangegelb	25	VI–VII	
Silene maritima	Leimkraut	rosarot/weiß	10–15	VI–VIII	
Soldanella montana	Alpenglöckchen	violett	10–15	III–V	
Thymus serpyllum	Feldthymian, Quendel	lila/rosa	10–20	VI–VII	
Veronica in Arten	Ehrenpreis	blau/rosa	10–30	V–VI	
Viola in Arten	Veilchen	violett/gelb/rosa	5–20	VI–IX	

– Kalkfliehend   + Kalkliebend

28

Zwiebel- und Knollengewächse

Pflanzzeit der Frühjahrsblüher ist der Herbst (Okt.). Sommer- und Herbstblüher kommen im August/September in den Boden, nach einer bewährten Faustregel zwei- bis dreimal so tief, wie Zwiebeln oder Knollen hoch sind.

Allium, Zierlauch

Die meisten der für den Steingarten geeigneten Arten sind unkompliziert in der Pflege und anpassungsfähig an die Boden- und Lichtverhältnisse, wobei ein sonniger Standort einem halbschattigen stets vorzuziehen ist.
Von Mai bis Juli zeigt der Enzianlauch, *A. caeruleum,* seine himmelblauen Blütenkugeln auf 30–40 cm hohen Stielen. *A. christophii,* der Sternkugellauch, wird 30–60 cm hoch und blüht dunkellila im Juni und Juli. Ihm schließt sich im Juli bis August *A. cyaneum,* 15–25 cm hoch, mit leuchtendblauen Blüten an. Zur selben Zeit gibt es einen goldgelben Kontrast durch *A. flavum,* den Schwefellauch, der 30–40 cm hoch wird; die Zwergform 'Minus' schafft gerade 10 cm. Ganz früh, im April bis Mai, erfreut der Blauzungenlauch, *A. karataviense,* mit weißen oder rosafarbenen Blütenkugeln auf 15–20 cm hohen Stielen; seinen Namen leitet er von den blaugrünen Zungenblättern ab, die einen eigenen Schmuckwert besitzen.
Häufig in Gärten anzutreffen ist der 20–30 cm hohe Goldlauch, *A. moly,* dessen goldgelbe Blüten sich im Mai bis Juni öffnen. Von Juni bis Juli blüht dann der ebenso hohe Narzissenlauch, *A. narcissiflorum,* mit purpurrosa Blüten. Mit 15–20 cm bleibt der im Juni karminrosa blühende Rosenlauch, *A. oreophylum,* etwas niedriger.

Arum italicum, Aronstab

Wo sich ein schattiges Plätzchen, vielleicht unter einem Gehölz, findet, kann man diese Staude mit dem für die Gattung typischen, von einem grünlichweißen und rosa gefärbten Hüllblatt (Spatha) umgebenen gelben Kolben ansiedeln. Die Blüte der von April bis Mai blühenden, 30 und mehr Zentimeter hohen Staude bringt im Juli weithin korallenrot leuchtende, giftige Beerenfrüchte hervor. Auffallend sind auch die hell gefleckten, pfeilförmigen Blätter, die häufig als Beiwerk für Sträuße Verwendung finden.

Chionodoxa, Schneestolz

Sehr hübsch machen sich zusammen mit Schneeglöckchen und Krokussen die beiden aus Kleinasien stammenden Schneestolzarten *C. lucilia* mit hellblauen und *C. sardensis* mit enzianblauen Sternblüten auf 10–15 cm hohen Stielen. Sie öffnen sich im März bzw. April. Gelegentlich werden Sorten mit rosafarbenen oder weißen Blüten angeboten.

Crocus, Krokus

Während in Rabatten oder im Rasen die großblütigen Gartenkrokusse mit unzähligen Sorten in jedem Frühjahr für unübersehbare Farbtupfer oder -flächen sorgen, sollten dem Natursteingarten die Wildarten mit ihren Sorten vorbehalten bleiben.
Schon ab Februar beginnt ihr Reigen mit den sogenannten **Vorfrühlingskrokussen,** denen dann bis tief in den April hinein weitere folgen. Man legt die Knollen etwa 10 cm tief und immer in Trupps zu zehn Stück oder mehr zusammen.

Pflanzen des Steingartens

C. ancyrensis, Goldkrokus, orangegelb; *C. angustifolius,* Goldlack-Krokus, goldgelb, außen rotbraun; *C. balansae* 'Zwanenburg', dunkelorange; *C. chrysanthus* mit vielen Sorten und Farben; *C. etruscus* 'Zwanenburg Variety', blauviolett; *C. flavus,* goldgelb; *C. imperati,* zweifarbig purpurlila/gelb, sehr früh, manchmal schon im Januar; *C. sieberi,* lilablau mit gelbem Schlund; *C. tommasianus,* Elfen-Krokus, lila mit weißem Schlund, einige in der Farbe abweichende Sorten.

Weit weniger bekannt als die Frühlingsboten sind die **herbstblühenden Krokusarten,** obgleich sie häufig noch bis in den Winter hinein den um diese Zeit eher Abschied nehmenden Steingarten mit Leben füllen, nicht selten, während bereits der erste Schnee fällt. Die Hauptblütezeit liegt im September/Oktober. Gepflanzt werden die kleinen Klimakünstler im Juli/August.

C. banaticus, lila, seltener auch in Purpur, Rosa und Weiß; *C. cancellatus,* ein nur 5–7 cm hoher Zwerg mit lilablauen bis weißlichen Blüten und gelben Staubbeuteln; *C. kotschyanus,* lila mit dunkler Aderung und gelbem Schlund; *C. medius,* lilapurpur mit orangeroter Narbe.

C. pulchellus, lilablau, fein geadert, Schlund gelb; *C. sativus* var. *cashmirianus,* eine Varietät des Safrankrokus, die für unser Klima besser geeignet ist als die Art und reicher tiefviolett blüht; *C. speciosus,* Prachtkrokus, hell- bis blauviolett mit dunklerer Aderung, anspruchslos, breitet sich durch Samen willig selber aus; einige Sorten sind in Weiß, Rot und verschiedenen Blautönen erhältlich.

Cyclamen, **Alpenveilchen**

Von den etwa 18 Wildcyclamenarten sind nur drei auch in ungünstigerem mitteleuropäischem Klima zuverlässig winterhart, so daß man sie unbedenklich in den Steingarten setzen kann. Die nur 10–15 cm hohen Pflanzen blühen je nach Art im Frühjahr oder von Sommer bis Herbst, wünschen einen beschatteten Platz und humosen, kalkhaltigen Boden, der in jedem Fall gut wasserdurchlässig sein muß. Sehr günstig ist ein Standort unter Gehölzen, wo sich die Stauden ungestört ausbreiten und zudem kahle Stellen mit ihrem oft interessant geformten und marmorierten Laub aufwerten können. Gepflanzt wird 5–8 cm tief. Wer sich später für weitere, etwas heiklere als die hier genannten Arten entscheidet, sollte im Winter unbedingt für luftdurchlässigen Reisigschutz sorgen.

C. coum, Blüten rosa, dunkelkarmin, reinweiß, eine formenreiche, manchmal schon ab Februar, meist im März/April blühende Art mit rundlichen oder herzförmigen, häufig marmorierten Blättern.

C. hederifolium, Blüten dunkelrosa, rosa oder weiß, häufig duftend, von September bis zum ersten Frost, Blätter sehr variabel von tiefgrün bis silbriggrau mit feiner Zeichnung.

C. purpurascens, rosa, stark duftende, seltener weiße Blüten von Juni bis September oder auch länger, Blätter reingrün, manchmal silbrig marmoriert, herz- bis nierenförmig.

Eranthis, **Winterling**

Die dottergelben Blüten auf 10–15 cm hohen Stielen schieben sich manchmal

Zwiebel- und Knollengewächse

schon Anfang Februar zusammen mit Blausternchen (siehe Seite 33) und Schneeglöckchen (siehe Seite 31) durch die Schneedecke und künden unübersehbar den bevorstehenden Frühling an. Man pflanzt an nicht vollsonnige Plätze 5–8 cm tief und immer in Gruppen, möglichst in die Nähe anderer Frühaufsteher, damit die Steingartenlandschaft ein buntes Bild abgibt. *E. cilicia* blüht etwas früher als die heimische *E. hyemalis,* die sich gerne durch Verwildern zu großen Teppichen ausbreitet.

Erythronium, **Hundszahn, Forellenlilie**
Je nach Art interessant marmorierte, breit-lanzettliche Blätter und ähnlich Alpenveilchen oder Türkenbundlilien zurückgeschlagene Kronblätter der weißen, gelben, rosa oder purpurvioletten Blüten auf 15–40 cm hohen Stielen zeichnen diese hübschen, von Ende März bis Mai blühenden Pflanzen aus. Sie gedeihen am besten in nährstoffhaltigen, humosen Böden an halbschattigen Stellen. Gepflanzt wird im September, 10–12 cm tief.
E. dens-canis, der heimische Hundszahn, öffnet über blaugrünen, marmorierten Blättern rosa oder rötlich gefärbte Blüten auf 10–20 cm hohen Stielen. Es gibt einige Sorten in Reinweiß und verschiedenen Rottönen.
E. revolutum, weiße bis purpurrosa Blüten, einzeln oder auch zu zweit auf 15–20 cm hohen Stielen, Laub braun gefleckt; 'White Beauty', reinweiß.
E. tuolumnense, 30–40 cm hoch, Blüten leuchtend gelb; 'Pagoda' ist besonders großblumig mit schwefelgelben Blüten.

Fritillaria, **Kaiserkrone, Schachbrettblume, Fritillarie**
Außer der bekannten Kaiserkrone, *F. imperialis,* die bis zu 120 cm hoch wächst und gelbe, orangefarbene oder rotbraune Blütenkränze unterhalb des obersten Blattschopfs trägt, und der 20–30 cm hohen Schachbrettblume, *F. meleagris,* mit weißen oder dunkelpurpurn gescheckten Blüten, gibt es einige andere Arten, die gerade für den Steingarten interessant, wenn auch weniger spektakulär als die beiden zuerst genannten sind. Alle brauchen einen tiefgründigen, wasserdurchlässigen Boden und sonnige bis leicht beschattete Plätze. Gepflanzt wird bereits im August/September, die Blütezeit fällt in die Monate April und Mai.
Zu den interessanten Steingartenarten der *Fritillaria* zählen u. a. *F. camtschatcensis,* 15–30 cm hoch, dunkel purpurne Glockenblüten, Kalkflieher; *F. graeca,* 15 cm, rotbraune Blüten; *F. pallidiflora,* 20–40 cm, cremegelb; *F. persica,* 60–70 cm hellviolett, grau bereift ('Adiyaman' wird bis 90 cm hoch, trägt pflaumenfarbene Blüten und ist besonders empfehlenswert); *F. pontica,* 30 cm, blaßgrün mit bräunlicher Bereifung; *F. pyrenaica,* 30 cm, Blüte außen rotbraun, innen grünlich-gelb.

Galanthus, **Schneeglöckchen**
Leicht beschattete Plätze, z. B. unter Gehölzen, und humoser, nicht zu trockener Boden sagen diesen wohl bekanntesten Frühjahrsblühern am meisten zu. *G. elwesii* aus Kleinasien ist mit bis zu 20 cm Höhe etwas größer als unser einheimisches Schneeglöckchen, *G. novalis,* das meist nicht über 15 cm hin-

auskommt. Von dieser Art gibt es eine Reihe häufig besonders großblütiger, auch gefüllter oder mit grünen Flecken versehene Sorten. Der Flor fällt in den Februar und März und stört sich auch nicht am wegtauenden Schnee.

Iris, Zwiebeliris

Neben den niedrigen Arten und Sorten der Bartiris sind es im natürlichen Steingarten vor allem die reizenden Zwiebeliris mit ihren 10–20 cm hohen Wildformen und Sorten, die im Frühling unübersehbare Akzente setzen, allerdings nicht immer ganz einfach zu beschaffen sein werden.

Zu den frühesten Blühern gehören die Arten und Sorten der sogenannten *Reticulata*-Gruppe, die fast alle ausreichend winterhart und auch in der Blüte nicht frostempfindlich sind. Sie brauchen einen sonnigen Standort und durchlässiges Erdreich ohne die Gefahr von Staunässe. Die Blütezeit beginnt, je nach Art, bei mildem Wetter häufig bereits im Februar. Violett, Blau und Gelb in allen Variationen sind die Grundfarben, auf denen sich dann das Spiel kontrastierender Aderungen, Punkte, Sprenkelungen und Schattierungen entfaltet.

Lilium, Lilie

Auch hier sind es wiederum die niedrigeren Arten der Wildlilien, die zumal im kleineren Steingarten voll zur Geltung kommen, während höher wachsende Formen, wenn überhaupt, in den Hintergrund gesetzt werden sollten, wo sie, z.B. vor einer Gehölzkulisse, im Frühsommer und Sommer für farbenfrohe Akzente sorgen. Wichtig sind ein sehr durchlässiger, gut dränierter oder Na-

tursandboden und ein sonniger Platz, wobei der Wurzelbereich der Pflanzen durch davor gesetzte Kleingehölze, andere Stauden oder auch Sommerblumen beschattet sein sollte. Aus dem großen für den Steingarten in Frage kommenden Sortiment nur eine kleine Auswahl; bei Lilien lohnt es sich, in Staudengärtnereien Ausschau zu halten und nachzufragen.

L. amabile var. *luteum,* 60 cm hoch, glänzend orangegelbe Blüten im Juli; *L. callosum,* 30–60 cm, ziegelrote Blüten im Juli/August; *L. carniolicum,* Krainer Lilie, 50 cm, orangerot im Juni, zwei Varietäten haben gelbe Blüten; *L. cernum,* 50–60 cm, lila bis fliederfarben im Juni/Juli; *L. pensylvanicum* (syn. *L. dauricum*), 30–60 cm, orangerote Blüten im Juni, die Varietät *L. p. luteum* blüht gelb; *L. pumilum,* 40–50 cm, rote Blüten im Juni.

Muscari, Traubenhyazinthe

Die anspruchslosen Frühlingsstauden mögen sonnige bis halbschattige Plätze und nehmen mit jedem durchlässigen Boden vorlieb. *M. armeniacum* wird 20–25 cm hoch und öffnet im April strahlend kobaltblaue, schmal weiß gesäumte Blüten; *M. comocum* 'Plumosum', Federhyazinthe, 20–30 cm, verkümmerte Blüten, die lilafarbene Traube ist violettblau, Juni.

Narcissus, Narzisse

Es muß jedermann überlassen bleiben, ob er das Frühlingsbild seines Steingartens mit den großblumigen Gartennarzissen, wie z.B. Osterglocken, bereichern will. In naturnahen Anlagen passen Wildarten und ihre Hybriden sicher-

lich besser in die Gesamtoptik. Letzten Endes bleibt die Auswahl eine Geschmacksfrage, zumal auch verschiedene Zuchtformen unter 40 cm bleiben. Da das Sortiment an Narzissen riesig ist, sollte man sich in einer gutsortierten Gärtnerei vor Ort umschauen und beraten lassen.

Hier nur einige Vorschläge: *N. asturiensis,* 8–12 cm, gelbe Blüten im Februar/ März; *N. cyclamineus,* Alpenveilchen-Narzisse, 12–15 cm, goldgelbe, nickende Blüten im März bis April; *N. minor* var. *conspicus,* 20 cm, blüht hellgelb im März; *N. x odorus,* 30 cm, hellgelbe, stark duftende Blüten im April/Mai.

Ornithogalum, Milchstern

Alle winterharten Arten sind dankbare und anspruchslose Frühlingsblüher für sonnige wie halbschattige Plätze in humosem, durchlässigem Boden.

O. pyramidale, bis zu 50 weiße Sternblüten in einer Traube auf 30–60 cm hohen Stielen im Juni bis Juli; *O. umbellatum,* Stern von Bethlehem, 10–20 cm hoch, weiße Sternblüten im April bis Mai.

Puschkinia scilloides, Puschkinie

Eng verwandt mit *Scilla* (siehe diese Seite) und *Chionodoxa* (siehe Seite 29), schiebt dieser nur 15 cm hoch werdende Frühlingsbote seine lichtblauen Blütentrauben aus der Zwiebel empor. Um Wirkung zu erzielen, wird am besten in Gruppen gepflanzt, die sich dann an besonnten oder halbschattigen Plätzen im Lauf der Zeit von selbst ausbreiten. Schöner als die Art ist *P. s.* var. *libanotica,* von der es auch eine reinweiße Sorte 'Alba' gibt.

Scilla, Blaustern

Auch hier empfiehlt sich wie bei allen kleinen Zwiebelblumen die Pflanzung in Gruppen, wobei Sonne wie Schatten gleichermaßen akzeptiert werden. In humosem, nicht zu trockenem, aber auf keinen Fall staunassem Boden breiten sich die Stauden durch Samen willig aus. Im Mai/Juni blüht leuchtend blau *S. amethystina,* 20–30 cm hoch; bereits im März erscheinen die breitglockigen, blauen, mit dunkler Ader versehenen Blüten von *S. mischtschenkoana,* bis 20 cm hoch; *S. sibirica* hat besonders leuchtendblaue Blütensterne auf 15 cm hohen Stielen im März/April ('Alba' ist eine weiß blühende Form); *S. sibirica* var. *taurica* besitzt zum Blau einen dunklen Mittelstreifen und beginnt häufig schon im Februar mit ihrem Flor. 'Spring Beauty' ist größer als die Stammart und zeigt ein besonders tiefes Blau.

Tulipa, Tulpe

Die hochstieligen, prachtvollen Gartentulpen sind schon optisch für den Steingarten weniger geeignet und sollten anderen, repräsentativen Frühlingsplätzen vorbehalten bleiben. Zwischen Steinen und Kleingehölzen oder auf der Kuppe einer Trockenmauer lassen sich dagegen sehr gut die kleinbleibenden Wildtulpen mit ihren Varietäten und Hybriden verwenden, von denen viele nur zwischen 10 und 25 cm Höhe erreichen. Hierher gehören die *T.-Kaufmanniana-,* *T.-Fosteriana-* und *T.-Greigii-*Hybriden. Von den eigentlichen Wild- oder Botanischen Tulpen wären u. a. zu nennen: *T. aitchisonii,* 5–10 cm, gelb bis karminrot; *T. aucheriana,* 5–10 cm, dunkel-

Pflanzen des Steingartens

rosa; **T. batalinii,** 10–15 cm, gelb, hierzu einige andersfarbige Sorten; **T. clusiana,** 15–25 cm, rahmweiß mit rötlichem Schatten; **T. linifolia,** 10–15 cm, glänzend rot mit schwarzer Mitte; **T. persica,** 20–30 cm, scharlachrot, schwarzer Grundfleck mit gelbem Saum; **T. pulchella,** 15 cm, hellpurpur, mit einigen ininteressant gefärbten Sorten; **T. tarda,** 10–15 cm, cremeweiß mit gelber Mitte; **T. wilsoniana,** 5–10 cm, blutrot.

Ziergräser

Außer den hochwachsenden Großgräsern, wie z.B. Pampasgras (*Cortaderia selloana*), dem Riesenchinaschilf (*Miscanthus sinensis*) und zunehmend auch

Links unten:
Im Winter bieten auch Ziergräser mit ihren von Rauhreif überzuckerten Halmen einen schönen Anblick.

Rechts:
Oben: Die zierliche, feinverzweigte Zwerg-Hemlocktanne (*Tsuga canadensis* 'Jeddeloh') wird nur etwa einen halben Meter hoch.
Unten: *Asplenium trichomanes,* die Steinfeder, ist ein reizender Bewohner von Geröllritzen der Trockenmauer.

Seite 36:
Oben links: *Campanula poscharskyana* 'Blauranke' ist eine besonders wüchsige Sorte der aus Dalmatien stammenden Glokkenblume.
Oben rechts: Vom Alpenbalsam, *Erinus alpinus,* gibt es außer den blauen Sorten auch eine weißblühende 'Albus'.
Unten links: Die Kuhschelle, *Pulsatilla vulgaris,* liebt kalkhaltige Böden.
Unten rechts: In der Kultur manchmal etwas heikel ist der Glocken-Enzian, *Gentiana acaulis.*

Seite 37:
Außerordentlich reizvoll sind Schalen, die mit Steingartenpflanzen bepflanzt werden.

Seite 38:
Oben: Das Teppichsedum, *Sedum spurium,* gedeiht auch im Halbschatten.
Unten: *Sedum telephium* ist ein dekorativer Spätsommerblüher.

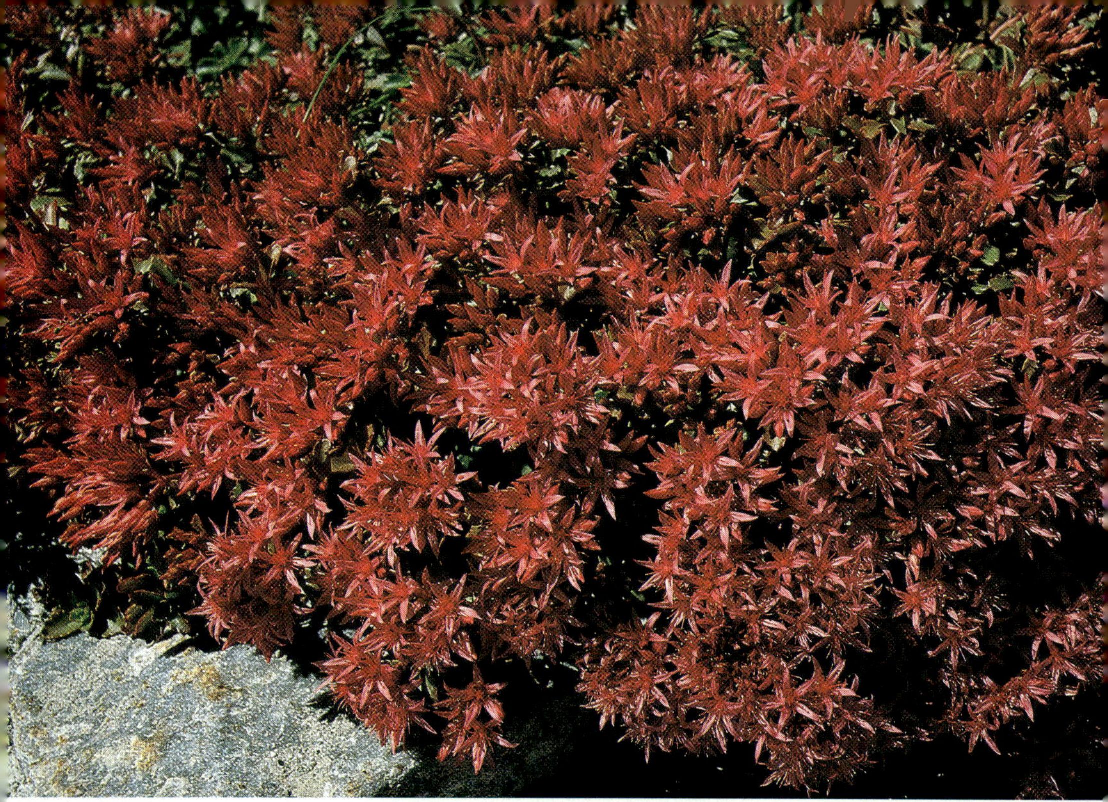

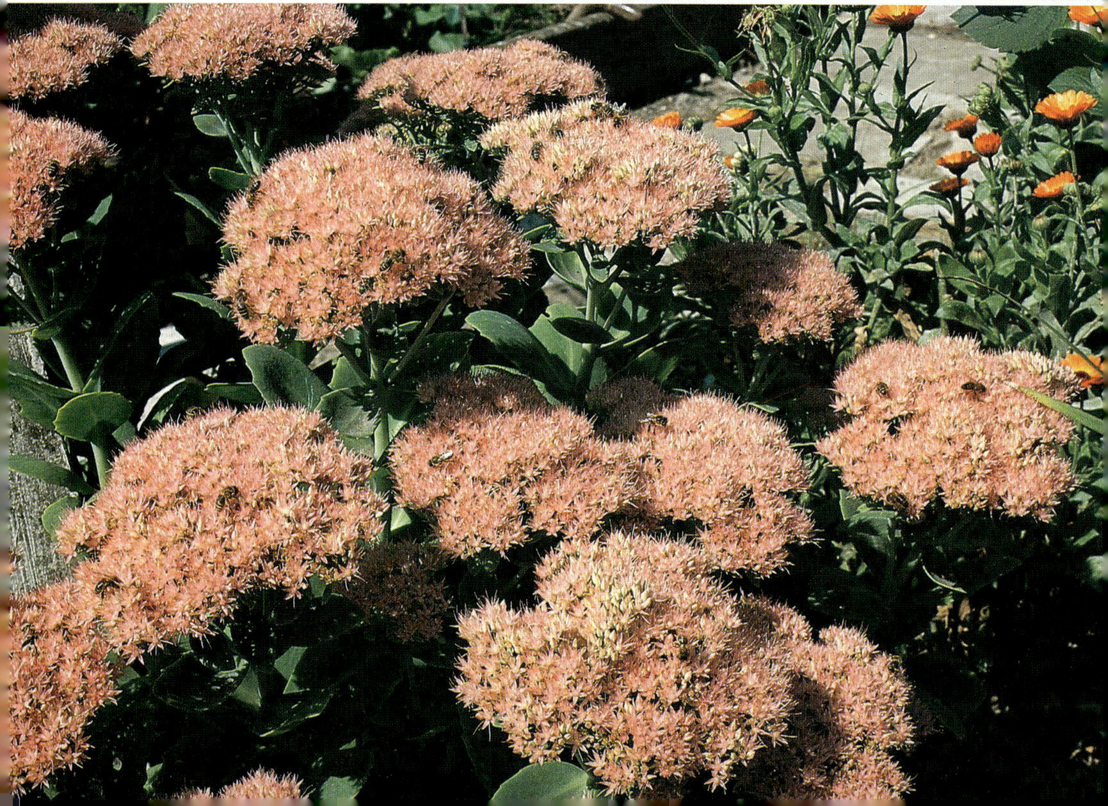

Ziergräser

Auswahl von Ziergräsern		
Botanischer/deutscher Name	Ansprüche/Eigenschaften	Höhe in cm
Carex baldensis, Schneesegge	Sonne, kalkliebend	10
C. firma, Zwergpolstersegge	Sonne, kalkliebend, immergrün	5–10
C. fraseri, Frühlingsschneesegge	Sonne/Schatten, immergrün	10–20
C. ornithopoda 'Variegata', Vogelfußsegge	beschattet, immergrün	10
C. plantaginea, Breitblattsegge	schattig, immergrün	10–20
Festuca amethystina, Regenbogenschwingel	sonnig, immergrün	20
F. cinerea, Blauschwingel	sonnig, immergrün	15–20
F. glacialis, Gletscherschwingel	sonnig, immergrün	10
F. punctoria, Stachelschwingel	sonnig, immergrün	10–15
F. valesiaca, Zwergblauschwingel	sonnig, immergrün	10
Luzula nivea, Schneemarbel	beschattet, immergrün	25
L. pilosa, Haarmarbel	beschattet, für Humusboden	30
L. sylvatica, Waldmarbel	schattig, immergrün	20
Melica ciliata, Wimperperlgras	beschattet, kalkliebend	30
Poa glauca, Hechtblaues Rispengras	sonnig, trockener Boden	10
Sesleria albicans, Blaugras	sonnig, kalkliebend	20
S. nitida, Nestkopfgras	sonnig, kalkliebend	30

Bambusarten, hat diese Pflanzengruppe bisher wenig Zugang in unsere Gärten gefunden. Leider ist auch noch zuwenig bekannt, wieviel diese niedrigen oder höher aufragenden Stauden zum optischen Bild beitragen können. Neben den weißen, silbernen, braunen, rötlichen oder dunkelbraunen, meist weit die Pflanze überragenden Blütenähren schaffen die Farbe der straff aufrechten oder graziös überhängenden Blätter, der horstige oder Teppiche knüpfende Wuchs Eindrücke ganz besonderer Art, lockern auf, sorgen für Übergänge und tragen ihren Teil zum Spiel der Steine, Stauden, Gehölze bei.

Pflanzen des Steingartens

Ziergräser lassen sich zudem, bei Wahl der richtigen Art, in jede Situation einfügen. Es gibt sonnen- wie schattenliebende, Trockenheit vertragende und feuchten Boden bevorzugende; viele sind immer- oder wintergrün, andere nehmen eine auffällige Herbstfärbung an, die meisten haben auch im Spätjahr und Winter noch etwas zu bieten, wenn Rauhreif oder Schnee ihre Halme überzuckern.

Aus der großen Zahl für den Steingarten geeigneter, ausdauernder Ziergräser auf Seite 39 nur eine Auswahl kleinbleibender bis mittelhoch wachsender Arten; hochaufragende Vertreter dieser Familie können von Fall zu Fall, wenn die Größe der Anlage dies erlaubt, dazugesetzt oder als Hintergrundbepflanzung verwendet werden.

Farne

Da man weiß, daß die meisten Farne Schatten und humosen Boden lieben, scheinen sie gerade für einen Steingarten wenig geeignet. Doch mit etwas Überlegung und bei Wahl der richtigen Arten kann man diese reizenden Pflanzengestalten mit den zarten, meist feingefiederten, teilweise immer- oder wintergrünen Wedeln durchaus als Bereicherung zwischen Steine und unter kleine Gehölze setzen. Viele halten auch mehr oder weniger Sonne aus, wenn der Boden genügend feucht ist oder feucht gehalten wird. Reichert man die Pflanzstelle noch gut mit Kompost oder, noch besser, sauer reagierendem Rindenkompost an, kann kaum etwas schiefgehen. Im Schattenwurf größerer Steine oder von Kleinkoniferen verstärken Farne das der Natur nachempfundene Gesamtbild der Anlage und erinnern, zusammen mit geschickt plazierten Gräsern,

Farne gedeihen gut im Schatten von Steinen oder Gehölzen.

an vielerlei Situationen in der freien Landschaft – ein Effekt, den man ja gerade mit dem Steingarten zu erzielen hofft. Aus der großen Anzahl von Arten und Sorten sollen nur einige wenige herausgegriffen werden, die man in guten Staudengärtnereien erhält. Bei weniger geläufigen Farnen ist die Beschaffung nicht ganz so einfach, hier muß man in Betrieben mit größerem Farnsortiment nachfragen (siehe Seite 70).

Adiantum pedatum, **Pfauenrad-Farn**
30–40 cm lange Wedel, meist aber kleiner bleibend, absonnig bis schattig, Humusboden.

Asplenium ruta-muraria, **Mauerraute**
5–10 cm, sonnig bis beschattet, kalkliebend, für Mauerfugen und Steinritzen.

Asplenium trichomanes, **Streifenfarn, Steinfeder** (Foto siehe Seite 35 unten). 15–20 cm, schattig bis absonnig, nicht zu trockener Boden.

Athyrium filix-femina, **Frauenfarn**
30 cm, absonnig bis beschattet, humoser, frischer Boden.

Blechnum penna-marina, **Seefeder, Feuerlandfarn**
20 cm, Schatten, humoser, frischer Boden, Winterschutz empfehlenswert.

Blechnum spicant, **Rippenfarn**
30–40 cm, beschattet, saurer, nicht zu trockener Boden.

Ceterach officinarum, **Schriftfarn**
10–15 cm, trockene, sonnige Standorte, gut für die Trockenmauer geeignet.

Phyllitis scolopendrium, **Hirschzungenfarn**
in schmalblättrigen 'Angustifolia'-Sorten, 20–30 cm, Schatten, kalkliebend.

Polypodium vulgare, **Tüpfelfarn, Engelsüß**
20–40 cm, beschattet, frischer Boden.

Besondere Gestaltungen des Steingartens

So wie die Gestaltung des Hausgartens schier unzählbare Varianten zuläßt und der Phantasie breiten Spielraum gewährt, umfaßt auch der Begriff »Steingarten« die vielfältigsten Formen und Anordnungen, die sich teilweise recht weit vom üblichen Garten entfernen. Treppen, Mauern, Tröge, sogar flache Platten oder, wenn man will, selbst kleine Schalen können, entsprechend bepflanzt und gestaltet, diese Definition für sich beanspruchen. Kaum bestrei-

41

ten jedoch läßt sich die Funktion der Trockenmauer als Steingarten, wenn auch nicht auf die übliche Weise horizontal, sondern vertikal ausgerichtet.

Die Trockenmauer

Mauern aus lose aufeinandergeschichteten, also durch kein Bindemittel verbundenen Feld- oder anderen Natursteinen hatten in früheren Zeiten rein funktionale, praktische Aufgaben zu erfüllen: als Grenzbefestigungen von Haus und Hof, zur Stabilisierung von Wegeböschungen oder zum Abfangen der Erde an Hängen, wo jede Krume fruchtbaren Bodens kostbar war und erhalten werden mußte. In den Weinbaugebieten der Mosel, Badens und anderswo werden die Rebterrassen noch heute mit Naturmauern abgestützt, um die Pflanzflächen zu sichern.

Wenn man mit der Trockenmauer nicht die Vorstellung eines wuchtigen, übermannshohen Walls verbindet – was sich im üblichen Hausgarten ohnedies kaum verwirklichen läßt –, paßt so eine Baulichkeit auch zum kleinsten Grundstück. Schon zwei Lagen Steine genügen, um Ritzen und Fugen ergrünen und erblühen zu lassen, ohne daß es dazu besonderer gestalterischer Überlegungen oder planerischer Vorarbeiten bedarf. Meist jedoch wird man schon aus optischen Gründen, aus Spaß an der Freud und aus Liebe zu einer größeren, möglichst bunten Pflanzengesellschaft etwas höher bauen, also eine »richtige« Trockenmauer aufschichten. Man unterscheidet folgende Typen bzw. Bauweisen:

❀ die einseitige Trockenmauer, die sich meist an einen Hang anlehnt, häufig aber gleichzeitig der Stabilisierung des Hangs selbst dient und nur auf einer Seite bepflanzt werden kann (siehe unten);
❀ die doppelseitige oder freistehende Mauer, beidseits bepflanzbar und auch als Trockenmauerwall bezeichnet (siehe Seite 45).
❀ Auch das Rundbeet ist eine Variante der Trockenmauer (siehe Seite 46).

Welche Bauweise gewählt wird, hängt von den örtlichen Gegebenheiten, also den gärtnerischen und gestalterischen Möglichkeiten, dem Engagement des Pflanzenliebhabers und dem persönlichen Geschmack ab. Dieselben Vorgaben bestimmen natürlich auch die Höhe und Länge, den Gesamtumfang des Bauwerks.

Einseitige Trockenmauern

Ideal für die einfache Trockenmauer ist ein bereits im Garten vorhandener Hang, beispielsweise die Aufschüttung für die erhöht liegende Terrasse, die meist nach Süden oder Westen weist. Sofern der Zuschnitt des Grundstücks es zuläßt, kann man aber auch nachträglich einen Hügel aufhäufen und ihn mit einer Trockenmauer abfangen. In Frage kämen hierfür Haus- und Garagenwände, vielleicht auch ein Platz an der Grenze zum Nachbarn.

Steinmaterial

Als Steinmaterial (siehe dazu auch Seite 11) kann alles dienen, was direkt der Natur entnommen ist: Bruchblöcke

42

oder -platten, bereits roh behauene Quader aus dem Baustoffhandel oder einem nahegelegenen Steinbruch, Selbstgesammeltes oder auf einer Deponie abgeladene Sandsteine aus Haus-, Mauer- oder Stallungssanierungen. Allerdings darf sich daraus nicht ein Sammelsurium der unterschiedlichsten Steinmaterialien ergeben, während sich schwere Blöcke und relativ flache Platten beim Aufbau der Mauer durchaus kombinieren lassen. Verschiedene Stärken erfordern freilich erhöhte Aufmerksamkeit beim Aufschichten – sowohl hinsichtlich der Stabilität, als auch des optischen Eindrucks!

Fundament

Die Art des Unterbaus, auf dem der Mauerfuß, also die erste Steinlage ruht, richtet sich nach der Höhe des Bauwerks. Bei niedrigen Mauern bis etwa 50 cm Höhe genügt es völlig, einen flachen Graben auszuheben, die Sohle – wo erforderlich nach vorhergehendem Feststampfen und Verdichten – mit einer Schicht Sand oder Kies zu verfüllen und darauf die unterste Schicht aus möglichst dicken Steinen mit glatter Oberfläche zu betten. Das Endergebnis sollte ein ebener Sockel sein, der den weiteren Lagen Stabilität verleiht.

Eine Trockenmauer ruht auf einem Fundament (d). Die größten Steine liegen zuunterst, die Mauer neigt sich nach oben hin. Man kann die Trockenmauer auch mit einem Vlies (a) zum Hang hin abdichten und mit grobem Gestein oder Kies hinterfüllen (b). Auch ein Dränagerohr (c) kann an der Mauerbasis eingebaut werden.

Mauern bis etwa 100 cm Höhe benötigen ein Fundament aus Schotter, Kies oder Steinstücken. Dazu wird ein 40–50 cm tiefer Graben ausgehoben und so weit mit den genannten Materialien gefüllt, daß die darauf ruhende unterste Steinlage etwa zur Hälfte unter Bodenniveau zu liegen kommt. Einige Zentimeter sollten zum exakten Aufbau über die Erde hinausragen. Die Errichtung hoher Mauern, bei denen bereits statische Überlegungen eine Rolle spielen und die in jedem Fall ein sicheres Betonfundament brauchen, muß man dem Fachmann überlassen!

Aufbau

Damit das Bauwerk stabil, gegen Auswaschungen und Erddruck des dahinter liegenden Hangs gesichert ist, sind

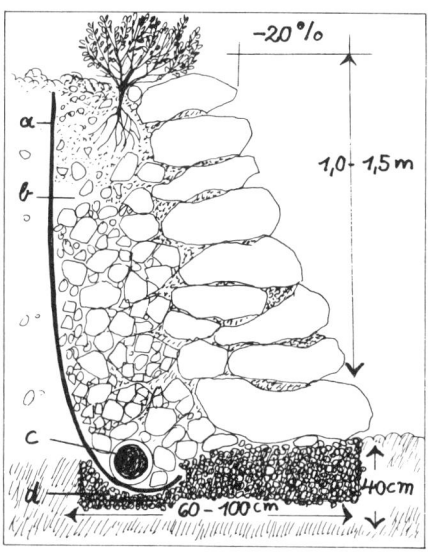

Besondere Gestaltungen

beim Aufbau einige Punkte zu beachten:

❀ Grundsätzlich kommen die schwersten und größten Steine in den unteren Bereich, nach oben hin kann man dann schwächere Materialien bis hin zu Bruchplatten verbauen.

❀ Insgesamt muß die Mauer zum Hang hin eine Neigung von 15–20 cm erhalten; das erhöht nicht nur die Stabilität, sondern verhindert auch ein Ausspülen der Pflanzerde aus den Fugen, die andererseits das an den Steinen herabfließende Regenwasser besser aufnehmen und den Wurzeln zugänglich machen. Diese Schräge wird erreicht, indem man die Steine beim Aufbau etwas nach hinten versetzt.

❀ Ebenfalls der Festigkeit dienen sogenannte Binder oder Anker, das sind besonders große oder langgestreckte Steine, die bis in den Boden des Hangs hineinreichen und die Mauer mit dem dahinter liegenden Erdreich verzahnen. Sie stellen also eine zusätzliche Absicherung dar, sind aber bei niedrigen Wällen nicht zwingend erforderlich.

Bei der Schichtung dient die altbekannte Ziegelwand als Vorbild, d.h., man setzt die Steine stets auf Stoß-, niemals auf Kreuzfugen. Die Fugen der unten liegenden Steine werden also durch den darüber liegenden Block geschlossen. Daß man die einzelnen Elemente keinesfalls hochkant einbaut, ergibt sich schon aus diesem Prinzip, aber auch quadratische Quader sollten nach Möglichkeit die Ausnahme bilden. Bei zur einen Seite hin sich verjüngenden Steinen kommt stets die breite Seite nach vorn.

Während des Aufbaus wird durch Hinterfüllen der Mauer mit Schotter, Kies, Splitt oder Steinbruchstücken für eine Dränageschicht gesorgt, die überflüssiges Regenwasser aufnimmt und ableitet; sie reicht bis zur letzten Steinschicht der Oberkante, so daß noch eine bis zwei Handbreit für das Pflanzbett der später dort angesiedelten Gewächse bleiben. Sollen Kleingehölze die Mauerkrone zieren, muß man 30–40 cm zugeben – oder die Bäumchen bzw. Sträucher kommen in den gewachsenen Boden hinter der Schotterschicht. Dränagerohre sind, wenn überhaupt, nur in extrem niederschlagsreichen Gegenden erforderlich.

Pflanzung in die Fugen

Ob man die Fugenbewohner bereits während des Maueraufbaus oder erst später einsetzen soll, darüber gehen die Meinungen auseinander. In der Praxis hat sich das Pflanzen in die bei der Schichtung nach oben noch offenen Ritzen und Spalten als günstig erwiesen, weil die Wurzeln dabei am wenigsten Schaden nehmen können und sich die Fugen dem Wurzelwerk entsprechend durch Verrücken der Steine noch verbreitern oder verengen lassen. Keine Angst übrigens, daß die kleinen Gewächse (Pflanzenauswahl siehe Tabelle auf Seite 45) mit dem wenigen ihnen zur Verfügung stehenden Raum nicht zurecht kommen könnten; Geröllbewohner sind es nicht anders gewohnt und gedeihen am besten, wenn ihnen die Steine möglichst dicht auf den Pelz, sprich an die Wurzeln rücken.

44

Die Trockenmauer

Stauden für sonnige Mauerfugen	
Alyssum saxatile, Steinkraut	gelbe Blüten, April–Juli
Androsace sarmentosa, Mannsschild*	rosa, Mai–Juni
Arabis in Arten, Gänsekresse	weiß/rosa, April–Mai
Aster alpinus, Alpenaster	violett/weiß, Mai–Juni
Aubrieta-Hybriden, Blaukissen	blau/rot, April–Mai
Campanula-Arten, Glockenblume	blau, Juni–August
Draba aizoides, Hungerblümchen	gelb, April
Erinus alpinus, Alpenbalsam	purpurrosa, Mai–August
Globularia cordifolia, Kugelblume	blau/weiß, Mai–Juni
Lewisia-Hybriden, Bitterwurz* (kalkfrei)	weiß/gelb/rot, Mai–August
Oenothera missouriensis, Nachtkerze	gelb, April–Juni
Phlox subulata, Polsterphlox	blau/rot/weiß, Mai–Juni
Saxifraga-Arten, Steinbrech*	weiß/gelb/rot, Juni–August
Sedum-Arten, Fetthenne	gelb/weiß, Mai–Juli
Sempervivum-Arten, Hauswurz, Dachwurz	rot/rosa, Juni–Juli
Veronica-Arten, Ehrenpreis*	blau/rosa, Mai–Juni

* vertragen auch Halbschatten

Mauerabschluß

Ob man es schließlich bei der obersten Steinlage beläßt oder als Krönung eine Plattenabdeckung wählt, bleibt Geschmackssache. Kommen mehr oder minder flache und große Bruchstücke obenauf, ist dort eine direkte Bepflanzung oft nicht möglich – was kein Nachteil zu sein braucht. Als Abschluß kann eine ebene Schicht aus gebrochenen Natursteinplatten optisch sehr gefällig wirken, besonders wenn die Mauer ohnehin reich mit grünenden und blühenden Gewächsen bestückt ist.

Der Trockenmauerwall

Man versteht darunter eine beidseitig bepflanzbare Mauer oder, um es bildlich auszudrücken, zwei einander gegenüberliegende, leicht nach innen geneigte, einseitige Mauern, deren Zwischenraum mit Schotter oder Bauschutt gefüllt ist. Damit das Ganze nicht zu wuchtig und unschön wirkt, sollte man sich an erprobte Proportionen halten: Gesamtbreite am Fuß 1,50–2 m, im Kronenbereich 1–1,50 m, Höhe 0,80–1,20 m. Auf die Dränageschicht in der Mitte kommt eine ausreichend starke Auflage aus guter Gartenerde. Diese Plattform kann man zusätzlich mit einigen hübschen Steinen garnieren und bepflanzen. Alles andere spielt sich wie bei der beschriebenen, einseitigen Trockenmauer in den Ritzen und Fugen zwischen den aufgeschichteten Quadern oder Platten ab.

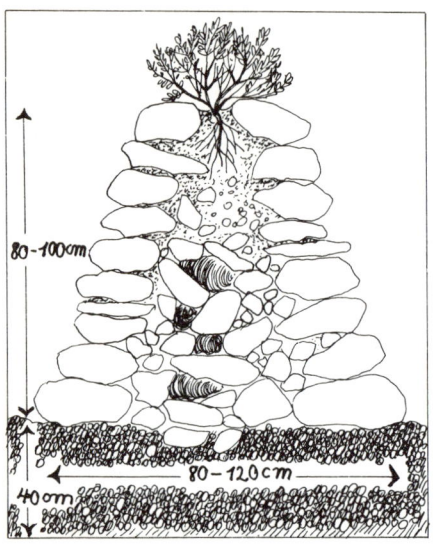

tieren, man muß seiner Phantasie nur freien Lauf lassen.

Auf keinen Fall sollte der Wall zu kurz, zu hoch oder gar beides sein. Der Eindruck eines Geröllhaufens oder Steinturms wäre fatal und ließe sich auch mit noch so dichter Bepflanzung nicht mehr kaschieren. Besonders reizvoll ist es, wenn die Doppelmauer nicht in gerader Linie, sondern mit leichtem Schwung verläuft – ein Vorhaben, das sich allerdings nur in einem größeren Garten realisieren läßt, wo ein langgestrecktes Bauwerk dieser Art nicht als Fremdkörper wirkt und in seinen Proportionen hineinpaßt.

Zum Steinmaterial, Fundament, Aufbau, Pflanzungen in die Fugen siehe unter »Einseitige Trockenmauern« ab Seite 42.

Auch ohne einen Hang kann man sich eine freistehende Trockenmauer im Garten anlegen. Eine breite Basis und geringe Neigung garantieren Stabilität, in die Fugen lassen sich verschiedene Pflanzen (Tabelle siehe Seite 45) setzen.

Während die anlehnungsbedürftige einfache Steinwand auf einen vorhandenen Hang oder eine nachträgliche Erdaufschüttung angewiesen ist, kann der Trockenmauerwall freistehend errichtet werden; er bietet sich z. B. als Raumteiler an, den man von einer Seite her in eine Fläche hineinragen läßt, oder man trennt mit seiner Hilfe einen ganzen Gartenteil vom übrigen Gelände ab. Es gibt unzählige Möglichkeiten, die sich stets an der Gesamtgestaltung und am jeweiligen Zuschnitt des Gartens orien-

Das Rundbeet

Es handelt sich hierbei um eine Variante der Trockenmauer, die den Vorteil hat, daß sie eigentlich überall hinpaßt: in den Vorgarten, mitten in den Rasen, sogar in den gepflasterten Innenhof oder, in Halbrundform und entsprechend niedrig, auf die größere Terrasse.

Aufbau

Der Aufbau ist schnell beschrieben. Nachdem der richtige Platz gefunden wurde, schlägt man einen kurzen Pfahl in die vermutete Beetmitte, befestigt daran eine Schnur, deren Länge dem gewünschten Radius (halber Durchmesser) des neuen Pflanzenquartiers entspricht, und schlägt damit einen Kreis. Ein starker Nagel, Zelthering oder zugespitztes Holzstück dienen als Mar-

Die Trockenmauer

kierer. Entlang der in den Boden geritzten Linie wird nun ein flacher Graben ausgehoben, dessen Breite dem Umfang der Steine des Mauerfußes entspricht. Sie können auf eine dünne Sand- oder Kiesunterlage gebettet werden, müssen es aber nicht, wenn der Untergrund genügend Festigkeit aufweist; denn da die von der Mauer umschlossene Fläche in der Mitte ein »richtiges« Beet darstellt, das auch in der Draufsicht betrachtet werden kann, darf hier auf keinen Fall zu hoch gebaut werden; die günstigsten Maße liegen zwischen 30 und 60 cm Höhe.

Aufbau und Anordnung der Steine entsprechen denen der einseitigen Trockenmauer (siehe Seite 42), nur mit dem Unterschied, daß die Fugen nicht zwingend mit Steingartengewächsen bepflanzt werden müssen. Man kann die Flanken auch für sich wirken lassen und lediglich die Hochfläche mit Stauden oder Sommerblumen, eventuell mit einem Rosenstämmchen in der Mitte, bepflanzen. Sollen die Ritzen Alpine aufnehmen, muß das Beet einen Kern aus Schotter, Kies oder dergleichen erhalten, um ausreichenden Wasserabzug sicherzustellen.

Sehr gut lassen sich auf so einem Rundbeet übrigens auch Kräuter unterbringen, denen man ihre Küchennähe in einer derartigen Umgebung nicht ansieht.

Eine schöne Variante der Trockenmauer: das Rundbeet. Die Natursteine der Rundbeetmauer sind auf eine Sandschicht gebettet (oben).

Wasser im Steingarten

Wer einen Gartenteich besitzt, weiß, wie eng Wasser und Steine miteinander verbunden sind, sich gegenseitig ergänzen, im Miteinander Stimmungen schaffen und für optische Höhepunkte sorgen. Auch in der Natur erleben wir

Besondere Gestaltungen

diese Symbiose – am Waldbach beispielsweise, der von großen Granitbrocken gesäumt ist, am kleinen, durch die Wiesen mäandernden Flußlauf, in dessen sanften Buchten immer wieder Steine freigespült wurden und, natürlich, am Wasserfall.

Der Garten mit Steinen und Wasser – wie läßt sich das vereinen? Eine Möglichkeit wäre, den Randbereich des Teichs, eines bereits bestehenden oder noch zu schaffenden, als Steingarten zu gestalten. Dazu bedarf es keiner weiträumigen Fläche, mit etwas Geschick läßt sich auch ein kleines Fleckchen Erde dafür nutzen. Zwei oder drei Brocken, vielleicht ergänzt durch einige Bruchsteinplatten genügen, um im Zusammenspiel mit dem Wasser, mit Pflanzen und wechselndem Licht eine Miniaturlandschaft entstehen zu lassen. Phantasie ist gefragt!

Es geht aber auch mit geringerem Aufwand und ohne große Erdarbeiten, indem man an einer passenden Stelle des Steingartens einen Quellstein installiert, über den das von einer Tauchpumpe geförderte Wasser leise hinwegplätschert. Dazu muß der Stein in eine entsprechend große Kunststoffwanne gesetzt werden, die gleichzeitig auch die Unterwasserpumpe aufnimmt. Im Gartenhandel gibt es fertige Sets mit Behälter, Quellstein und kleiner Pumpe zu kaufen, wobei man selber entscheiden muß, ob so ein Ensemble in die Gestaltung des Steingartens paßt.

Häufig wird Fließwasser in Form eines schmalen Bachs empfohlen, der sich in Windungen zwischen den Steinen hindurchschlängelt. Das klingt außerordentlich verlockend, doch Vorsicht: So

einfach, wie es sich anhört, ist die Geschichte nicht. Voraussetzung ist eine großräumige Anlage, denn der Bach braucht, zumindest in der Bauphase, mehr Platz, als man glaubt. Die Folie zum Auskleiden des Bachbetts muß sorgfältig verklebt und ausgelegt werden, von der Umwälzpumpe an der Mündung ist ein Rücklaufschlauch zur Quelle im oberen Bereich zu verlegen, damit der Wasserkreislauf funktioniert, und schließlich geht noch einiges an Platz für die Randgestaltung und -bepflanzung ab. Wo freilich die Möglichkeiten vorhanden sind, sollte man das Experiment Bach wagen, denn das Ergebnis lohnt alle Mühe.

Blühende Treppe

Der Sinn von Treppen ist es, Höhenunterschiede auszugleichen und den Benutzer sicher und möglichst mühelos von einer Ebene auf die nächste zu befördern. Es handelt sich also in der Regel um Zweckbauten, denen nichts Romantisches anhaftet – auch im Garten, zumal im modernen Garten nicht. Wer aber einmal die ausgetretenen Natursteinstufen in alten Parks oder in längst ihres Glanzes beraubten Burg- oder Festungsanlagen hinaufgestiegen ist, hat Treppen ganz anders erlebt: umwuchert, über- und durchwachsen von Kleinpflanzen der verschiedensten Arten, vornehmlich solcher, die wir heute als Unkräuter oder richtiger als Wildkräuter bezeichnen. Warum also müssen Gartentreppen kahl und leer aussehen, Monumente der Funktionalität inmitten von Blüten und Grün?

Blühende Treppe

Pflanzenauswahl

Es liegt an uns, diese Plätze nicht unerwünschten Gewächsen zu überlassen, die dann ständig mühevoll zu entfernen sind, sondern gezielt passende Pflanzen dorthin zu setzen. Die Auswahl ist riesig. In Frage kommen viele der auch im Steingarten anzusiedelnden Klein- und Polsterstauden, wie z. B. Teppichsedum (*Sedum spurium*), Saxifragen, Blaukissen (*Aubrieta*), Glockenblumen (*Campanula*) oder Lerchensporn (*Corydalis nobilis*), aber auch zahlreiche, teilweise polsternde Nelkenarten, vor allem Hybriden der Pfingstnelke (*Dianthus gratianopolitanus*), einige davon nur 5 bis 10 cm hoch.

Reicht der Platz und ist das Erdreich im Randbereich der Stufen tiefgründig genug, steht die ganze Palette des Staudensortiments zur Verfügung, wobei es vom Charakter der Nachbarpflanzungen abhängt, ob man Wildformen oder Hochzuchten den Vorzug gibt. Bei Naturtreppen aus Stein oder Holzbohlen

Gartentreppen müssen nicht kahl aussehen – mit den richtigen Pflanzen verwandeln sie sich in blühende Wege.

können auch duftende Kräuter, wie z. B. Salbei, Thymian oder Kamille, ihren Platz am Rand oder in – den Auftritt nicht störenden – Fugen finden, die dort ihr Aroma verströmen.

Übrigens ist die Bepflanzung keineswegs an das verbaute Material gebunden. Auch moderne Treppen und Stiegen aus vorgefertigten Betonteilen können nur gewinnen, wenn sie von Blättern und Blüten gesäumt sind, wobei in diesem Fall auch Prachtstauden oder Kleingehölze als Begleiter in Frage kommen. Selbst mit Zwergmispel (*Cotoneaster dammeri*) oder Efeu (*Hedera helix*) begrünte Stufenwangen sind immer noch gefälliger als offener Boden.

Troggärten

Bepflanzte Gefäße haben keineswegs nur die Funktion von Ersatzgärten; reizvoll gestaltet, können sie Ergänzungen für flächige Bepflanzungen darstellen und mit ihren Minilandschaften interessante optische Eindrücke vermitteln – in Einzelstellung wie in Gruppen zusammengerückt.

Steintröge

Am schönsten wirken Natursteintröge, wie sie der Gartenhandel in unterschiedlichsten Formaten anbietet, aber auch Betonimitationen oder Behälter aus kesseldruckimprägniertem Holz haben ihren Reiz und sind als Pflanzenquartiere geeignet.

Schließlich lassen sich U- oder Karlsruher Steine und die zahlreichen Böschungselemente zu Trögen zweckent-

fremden und sehen, entsprechend bepflanzt, keineswegs mehr wie »Industrieware« aus. Wo kahle, monotone Wandungen stören, lassen sie sich durch herabhängende Triebe von Polstergewächsen ausreichend kaschieren.

Tip: Steintrog zum Selbergießen
Nicht die schlechteste Möglichkeit ist es, Steintröge aus einem Gemisch von Torf, Zement und Sand im Verhältnis 1:1:1,5 selber zu gießen. Als äußere Verschalung dient ein kräftiger Pappkarton der gewünschten Größe, den Innenraum spart ein zugeschnittener Styroporkern aus. Behälter dieser Mischung sind absolut wasserdicht wie frostfest und werden nach einiger Zeit mit Algen, Moosen und Flechten besiedelt.

Wichtig bei allen Pflanzgefäßen gleich welcher Art sind genügend große Wasserabzugslöcher und eine gute Dränage im Untergrund. Um das Gewicht der ohnedies sehr schweren Steintröge nicht noch weiter zu erhöhen, empfehlen sich hier Styromullflocken, über die dann für alpine Kleingewächse und flachwurzelnde Polsterstauden 15–20 cm lockere, magere Erde kommen. Zwerggehölze sollten eine dickere Auflage erhalten.

Frostschutz

Da im beengten Wurzelraum eines Behälters selbst winterharte Gewächse durch anhaltende Fröste geschädigt werden können, sollte man die Gefäße bei Kälteperioden vorsichtshalber au-

Bepflanzte Steine

ßen mit Styroporplatten schützen und gegen Wechseltemperaturen zusätzlich mit Fichtenreisig abdecken. Größere Gefäße können auch von Beginn an innen mit solchen Platten ausgelegt werden, die aus Gründen der Optik einige Zentimeter unterhalb der Erdoberfläche enden müssen.

Bepflanzung

Für die Bepflanzung kommen alle kleinbleibenden Stauden und Gehölze in Frage, die auch in den Pflanzenlisten (siehe Seiten 19–24 und 26–28) dieses Buchs zu finden sind.
Da sich schwere Tröge im nachhinein nur unter Mühen umstellen lassen, müssen die Lichtansprüche der ausgewählten Gewächse mit den Verhältnissen am Standort übereinstimmen, während sich der Boden für kalkfliehende und kalkliebende Arten gerade im Trog recht einfach zu der einen oder anderen Seite hin korrigieren läßt: Im ersten Fall reichert man das Substrat mit Rindenhumus, im anderen mit Kalksteinsplitt an.

Im Herbst werden die Gefäße mit Styroporplatten, Noppenfolien und aufgelegten Fichtenzweigen vor strengen Winterfrösten geschützt.

Bepflanzte Steine

Es sind vor allem zwei Steinarten, die sich wegen ihrer günstigen Struktur zur Aufnahme von Pflanzenzwergen anbieten: Kalktuff und Kalksteinknollen (siehe auch Seite 12).

❀ Tuffsteine sind porös, wirken fast wie erstarrter Schaumstoff und lassen sich wegen ihres geringen Gewichts leicht transportieren. Leider kommt man nur schwer an dieses Material heran, eventuell kann der örtliche Baustoffhandel Bezugsquellen nennen oder sogar Tuffsteine beschaffen.

❀ Kalksteinknollen fallen durch ihr bizarres, zerklüftetes, mit zahlreichen Löchern und Höhlungen versehenes Äußeres sofort auf; große Blöcke sind so schwer, daß es zum Transport zweier kräftiger Männer bedarf. Sie werden gelegentlich in Gartencentern angeboten, doch das ist Glückssache. Auf keinen Fall sollte man sich dazu verleiten lassen, selber nach diesem Gestein zu suchen und einige Exemplare, z.B. auf der Schwäbischen Alb, ins Auto zu laden. Die Strafen für einen derartigen »Steinraub« sind empfindlich!

Besondere Gestaltungen

Vorbereitung

Da die natürlichen Vertiefungen der Tuffsteine für eine Bepflanzung meist nicht ausreichen, muß man mit einer Bohrmaschine oder mit Meißel und Fäustel nachhelfen und schräg nach unten führende Höhlungen schaffen, in denen das Wasser wegfließen und weiter innen vom porösen Material aufgesaugt werden kann.

Ob die natürlichen, durch Auswaschung weicher Kalke entstandenen Löcher und Gänge der Kalksteinknollen, die oft weit ins Gestein hineinreichen, sich dort verästeln und gelegentlich treffen, als Pflanzmulden geeignet sind, wird sich von Fall zu Fall zeigen. Unter Umständen muß man auch hier mit Werkzeug nachhelfen und durch Bohrungen für guten Wasserablauf sorgen.

Größere bepflanzte Knollen sehen übrigens so interessant und ungewöhnlich aus, daß sie nicht unbedingt die Umgebung eines Steingartens benötigen. Sie wirken auch für sich allein und können als Einzelstücke überall dort Platz finden, wo ein optischer Schwerpunkt erwünscht ist, selbst auf der Terrasse!

Die Löcher im Tuffstein werden mit Erde gefüllt. In diese setzt man Steinbrechgewächse, Hauswurze, Glockenblumen und andere Pflanzen. Angießen nicht vergessen!

Bepflanzte Steine

Bepflanzung

Zum Bepflanzen mit Rosetten-Steinbrechen (*Saxifraga*), Hauswurzarten (*Sempervivum*), zierlichen Glockenblumen (*Campanula*), Nelken (*Dianthus*), Hungerblümchen (*Draba*), Fetthenne (*Sedum*) und vielen anderen kleinbleibenden Flachwurzlern verfüllt man die Höhlungen zunächst mit durchlässiger, eventuell durch Sand aufgelockerter Erde, setzt die Containerpflänzchen mit Wurzelballen hinein und stopft vorsichtig Substrat nach. Bei flach verlaufenden Löchern, in denen für zusätzliche Erde kein Platz ist, muß der vorhandene Ballen genügen. Da die genannten und alle anderen Fugenpflanzen auch an ihren Naturstandorten mit einer dünnen Humusschicht vorliebnehmen, braucht man sich um ihr Gedeihen in Kalkknollen oder Tuffsteinen keine Sorgen zu machen.

Wichtig ist, daß die Neuankömmlinge während der Anwachsphase genügend <u>Feuchtigkeit</u> erhalten, die Wurzeln dürfen in diesem Stadium nicht austrocknen. Das erfordert etwas Fingerspitzengefühl, da Dauernässe andererseits strikt zu vermeiden ist. In der Praxis bewährt hat sich das Einnebeln mit der Blumenspritze, weil bei diesem sanften Verfahren kein Substrat aus den Pflanzlöchern ausgespült werden kann. Diese Sprühbehandlung in den Morgen- oder Abendstunden simuliert darüber hin-

aus den natürlichen Taufall und sollte auch während längerer sommerlicher Trockenperioden durchgeführt werden.

Tischgärten

Dabei handelt es sich um bepflanzte und, je nach Größe, mit Steinen oder einer knorrigen Wurzel ausgestattete horizontale Platten, die etwas erhöht auf stabilen Sockeln ruhen. Auf Bauschutt-Deponien finden sich manchmal abgeflachte Sandsteine, die für diesen Zweck durchaus geeignet sind, selbst wenn ihre Ausmaße nicht mehr als 50 x 40 cm betragen. Auch im Baustoffhandel stößt man vielleicht auf Elemente, die sich als Tischgärtchen verwenden lassen.

Auf abgeflachten Sandsteinen, die an mehreren Stellen durchbohrt sind, lassen sich leicht kleine Tischgärtchen gestalten.

Sockel

Als Sockel kommen Natursteinblöcke oder U-Formsteine in Frage, eventuell mauert man die erforderlichen Auflagen auch selber. Dann sollte allerdings ein entsprechendes Punktfundament für Stabilität sorgen. Die Platte muß an einer oder mehreren Stellen durchbohrt werden, damit sich keine Staunässe bildet. Wo das nicht möglich ist, erhält sie durch Unterlegen von Holzkeilen eine minimale, mit dem Auge kaum wahrnehmbare Schräge.

Um ein Ausschwemmen des Pflanzsubstrats zu verhindern, gibt man der Platte eine Umrandung aus lose aufgelegten oder auch vermörtelten Steinen – entweder gebrochenes, kantiges Naturmaterial oder niedrige, aufgemauerte Industriesteine wie Ziegel bzw. Klinker bei einer größeren Fläche. Auf die schon bekannte, etwa 5–8 cm starke Dränageschicht aus Kies, Splitt oder Schotter kommt auch hier ein mageres, durchlässiges Pflanzsubstrat.

Gestaltung

Wie so ein Tischgarten gestaltet wird, hängt von der zur Verfügung stehenden Fläche und den Vorstellungen des Gärtners ab. Wo der Platz ausreicht, lassen sich kleine Landschaften mit leicht ausmodellierten Höhenunterschieden, mit Steinen oder Miniaturplatten aus Schiefer oder abgeblättertem Bruch schaffen. Auf dem Minitisch wird man wahrscheinlich nur einige Dachwurze (*Sempervivum*-Arten) ansiedeln, die sich an diesem für das Auge ungewohnten Platz ganz reizend ausnehmen.

Das Terrassenbeet

Manchmal versteht man darunter den bepflanzten, zur Terrasse hinaufreichenden Hang, der sich, wie schon gesagt, hervorragend zur Gestaltung als Steingarten eignet. Hier ist jedoch ein ummauertes Beet gemeint, das direkt auf dem Familiensitzplatz angelegt wird und den Charakter eines kleinen Alpinums erhalten soll.

Das Material für die Fassade ist so zu wählen, daß es mit dem Stil des Wohnhauses korrespondiert, es muß sich also nicht zwingend um Natursteine handeln, die vor allem auf beengtem Raum leicht sehr wuchtig und dominierend wirken. Wird niedrig gebaut, läßt sich dieser Eindruck allerdings abmildern. In Norddeutschland mit seinen Klinkerhäusern würde sich ein Terrassenbeet aus demselben Material geradezu anbieten, es gibt aber auch die Möglichkeit, nicht passendes Mauerwerk mit gefälligen Platten oder Kacheln zu verblenden.

Aufbau

Für den inneren Aufbau ist die bereits bekannte Dränageschicht mit darüberliegender, durchlässiger Pflanzerde vorzusehen. Um den Wasserabfluß nach unten sicherzustellen, sollte man einige

Oben: Das Alpenedelweiß, *Leontopodium alpinum,* fühlt sich auf durchlässigen Böden in voller Sonne am wohlsten.
Unten: Gelbes Blütenmeer aus Steinkraut (*Alyssum saxatile* 'Goldkugel').

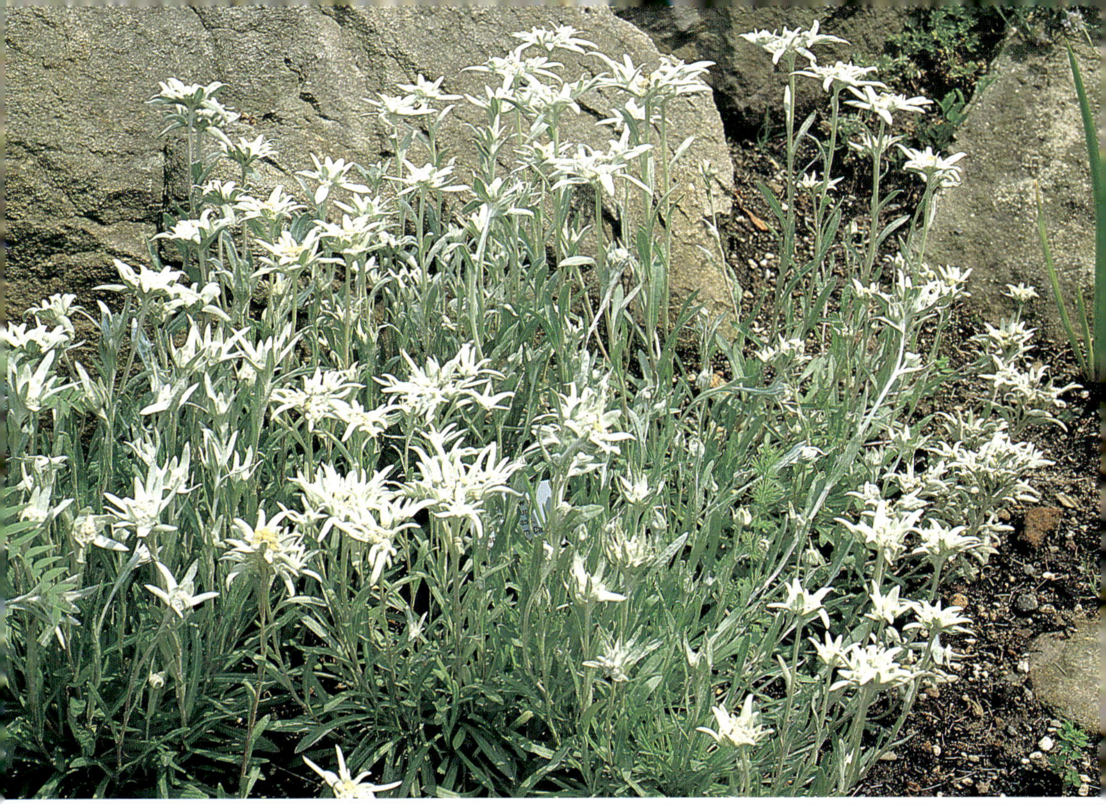
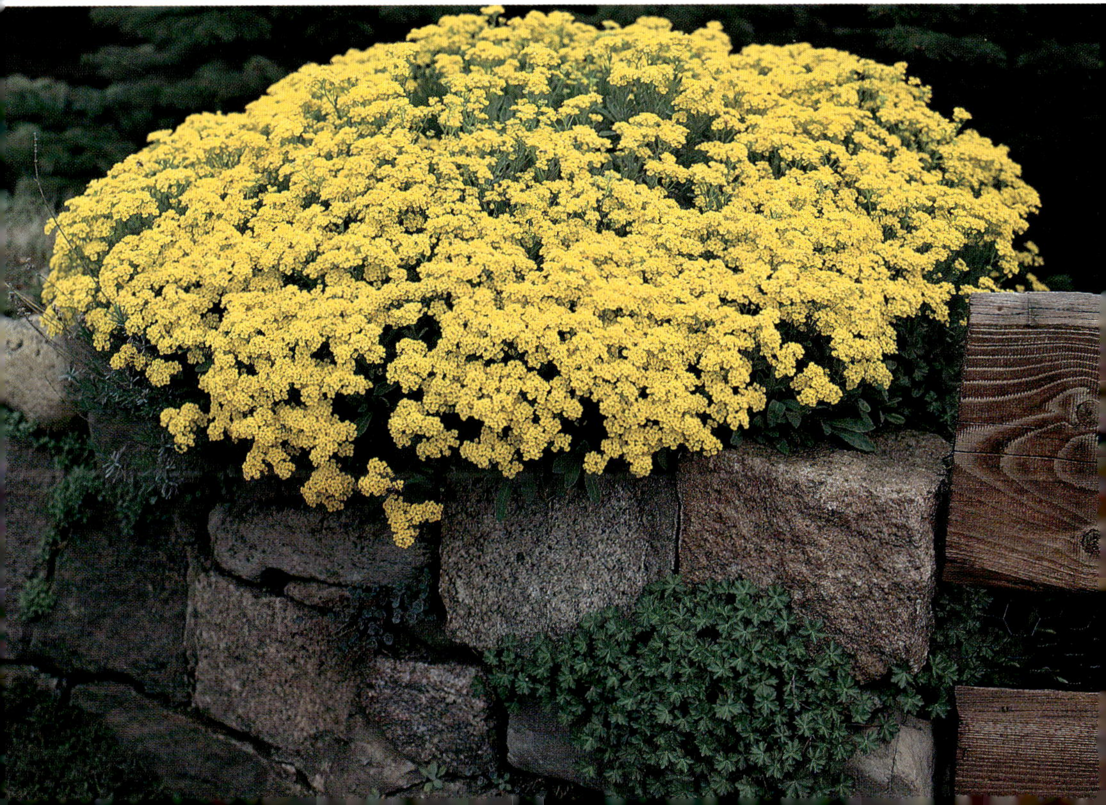

Das Alpinenhaus

Teile des Bodenbelags der Terrasse entfernen oder, wo dies nicht möglich ist, ein nach außen ragendes Dränagerohr einbauen.

Bepflanzung

Bietet das Beet genügend Platz, können hier neben den Steingartenstauden (siehe Seite 24) auch Kleingehölze (siehe Seiten 19 und 20) untergebracht werden, und wo den ganzen Sommer über Farbe erwünscht ist, setzt man an den Rand oder an die Seiten niedrige Einjahresblumen – es ist alles erlaubt, was gefällt. Eventuell wird auch ein Teil abgetrennt, um dort in einer Plastikwanne eine Miniseerose oder Zwergrohrkolben unterzubringen, ein Arrangement, das außerordentlich reizvoll und abwechslungsreich wirkt.

Das Alpinenhaus

Wer sich intensiv mit den Pflanzen der Gebirge befaßt und vielleicht im eigenen Steingarten nicht nur erste Erfahrungen gesammelt hat, sondern auch dem Reiz dieser Gewächse verfallen ist, wird schon bald die durch unser Klima gesetzten Einschränkungen der Auswahl bedauern. Wenn das Alpinenhaus

Oben: Ein reizender, mattenbildender Steingartenbewohner ist der Moos- oder Polsterphlox, *Phlox subulata*, mit seiner Sorte 'Scarlet Flame'.
Unten: Bei der *Aubrieta*-Hybride 'Red Carpet' handelt es sich um eine neuere Blaukissensorte.

auch nicht alle Wünsche erfüllen kann, so bietet es doch die Möglichkeit, das Sortiment erheblich zu erweitern, seltenere Arten zu kultivieren und sich eine Sammlung von Pflanzenschätzen aufzubauen.

Das Angebot der Hersteller an Glas- und Folienhäusern aller Größen und Formen, mit und ohne Komfort, ist so umfangreich, daß sich mit Sicherheit etwas Passendes finden wird. Wichtig sind ausreichende Lüftungsmöglichkeiten. Schattiermatten lassen sich auch nachträglich anbringen, ebenso eine Heizung, falls das Haus frostfrei gehalten werden soll. Fortgeschrittene Pflanzenliebhaber werden sich später eventuell für ein Zweikammer-System entscheiden und das Haus in einen beheizbaren und einen kalten Teil gliedern; diese unterschiedlichen Kulturbereiche eröffnen weitere Möglichkeiten der Pflege unter ein und demselben Dach.

Am besten läßt sich die Entwicklung der kleinen Raritäten verfolgen, wenn sie auf Gewächshaustischen aus verzinktem Blech oder aus Aluminium untergebracht werden, entweder in dort in Sand oder Schlacke eingesenkten, gut dränierten Gefäßen oder direkt auf den Tischen in durchlässigem Substrat ausgepflanzt. In den Boden der Stellagen müssen Wasserabzugslöcher gebohrt oder geschlagen werden, damit es zu keinen Vernässungen kommt.

Entscheidend für das Gedeihen im Sommer, aber auch an frostfreien Wintertagen ist ausgiebiges Lüften, wobei Zugluft natürlich vermieden werden muß. Bei Prallsonne sollte man außerdem zu allen Jahreszeiten schattieren, in den Sommermonaten für erhöhte

Besondere Gestaltungen

Luftfeuchtigkeit durch häufiges Einnebeln sorgen. Perfektionisten können ihr Alpinenhaus mit Hilfe von Luftbefeuchtern, Ventilatoren, Heizungssystemen, Bewässerungs- und Lüftungsanlagen, alles thermostat- und reglergesteuert, auch vollautomatisch fahren, selbst die Schattierung läßt sich in dieses System integrieren. Auf die Gefahren und Risiken derartiger Techniken soll hier nicht näher eingegangen werden – auf die Kosten auch nicht.

Doch selbst bei Besitz eines Alpinenhauses muß man sich darüber im klaren sein, daß die Kultur an den natürlichen Ansprüchen der Arten ihre Grenzen findet. Heikle Hochgebirgsgewächse werden mit den klimatischen Bedingungen des Tieflands auch im Steingarten unter Glas nicht fertig und hier nur kurzzeitig überdauern. Der Preis, den man für derartige Experimente zahlt, ist nicht nur in Mark und Pfennig gerechnet hoch, sondern muß auch an der Enttäuschung gemessen werden, die derartige Verluste mit sich bringen.

Raritäten wachsen besser im Alpinenhaus.

58

Die Pflege rund ums Jahr

Es ist sicherlich richtig, daß erfahrene Gartenliebhaber mit der Pflege weniger Mühe haben als Neulinge. Die Kenntnis der Ansprüche, richtige Arten- und Sortenwahl, zusagende Standorte und Nachbarschaften, Einhaltung der günstigen Pflanztermine und vieles andere mehr tragen erheblich zur Reduzierung des Pflegeaufwands bei.

Doch wer macht schon alles von Beginn an richtig, bedenkt vor der Pflanzung sämtliche Eventualitäten, mäßigt sich zum Verzicht, wo der Erfolg in Frage gestellt ist? Gerade der noch nicht mit den dunklen Seiten des Mißerfolgs konfrontierte Anfänger neigt aus verständlichen Gründen selbst wider besseres Wissen zu Experimenten nach dem Motto: Vielleicht klappt's ja doch! Betrifft dieses Wagnis nur einzelne Gewächse, mag's noch angehen, Pflanzen sind schließlich austauschbar. Wird dagegen bereits bei der Anlage lax verfahren, hat man sich nachfolgende zeitraubende und permanente Intensivpflege selbst zuzuschreiben.

Und noch etwas sei angemerkt: Den Garten, gleich welcher Art, ohne Arbeit gibt es nicht; wobei freilich hinzugefügt werden soll, daß das Leben mit Pflanzen, das Erlebnis ihrer Fortentwicklung und des Gedeihens schließlich auch Spaß macht. Mag der gebückt am Zaun im Unkraut herumwurstelnde Gärtner noch so stöhnen und sein Schicksal lauthals beklagen – von den ebenfalls gärtnernden Zeitgenossen wird er nicht ernst genommen, man kennt das schließlich.

Pflege muß also sein, selbstverständlich auch im Steingarten, in einer natürlichen Anlage weniger als bei einer streng architektonisch gestalteten. Wichtig ist eine vernünftige Einteilung der Arbeit, die sich am Vegetationsrhythmus der Pflanzen zu orientieren und in den Jahreszeiten ihre unterschiedlichen Schwerpunkte hat.

Frühjahr

Wenn im Zusammenhang mit dem Steingarten vom Frühjahrsputz die Rede ist, hat das nichts mit dem häuslichen Großreinemachen gemein. Weder soll der Natur ins Handwerk gepfuscht, noch sollen die natürlichen Abläufe durcheinandergebracht werden. Es geht einzig darum, den Pflanzen den Start ins neue Vegetationsjahr zu erleichtern und, wo nötig, mit behutsam ordnender Hand einzugreifen.

Abdeckung entfernen

Zeigen sich nach einem kurzen, milden Winter bereits erstes Grün und Blütenknospen unter der vorsorglichen Laub- und Reisigabdeckung, wird die schützende Schicht an diesen Stellen beiseite gezogen oder ganz entfernt; zumindest Fichtenreisig sollte jedoch auch weiterhin bereitliegen, um gegebenenfalls

kurzfristig wieder über die Pflanzen gebreitet werden zu können. Erst ab März sind alle Vorsorgemaßnahmen überflüssig.

Abgestorbenes entfernen

Nun zeigt sich, was wirklich abgestorben oder vertrocknet ist und entfernt werden kann: Blätter, Blütenreste, Trieb- wie Pflanzenteile. Laubanwehungen in Mulden und hinter Steinen sind wegzuräumen, Exemplare, die der Frost aus dem Boden gehoben hat, sorgsam wieder in ihr Erdbett zurückzudrücken.

Wasserbedürfnis

Da Schnee und damit Schmelzwasser im Tiefland heute eher rar geworden, in den Regionen unserer Gebirgspflanzen jedoch die Regel sind, ist das Wasserbedürfnis der Steingartengewächse jetzt groß. Wurde im Herbst reifer Kompost über die Fläche gestreut, spült reichliches Wässern die Nährstoffe in Wurzelnähe – ein weiterer Grund, nun Kanne oder Sprenger in Aktion treten zu lassen.

Düngung

Ob im Frühjahr eine zusätzliche Nährstoffgabe, beispielsweise in Form getrockneten Rinderdungs, notwendig ist, muß der Pflanzenzustand und im Zweifelsfall eine Bodenprobe zeigen. Wo das Erdreich eine natürliche Fruchtbarkeit aufweist, wird man bei den genügsamen Steingartengewächsen möglicherweise gänzlich ohne Zusatzdüngung auskommen. Ab Juli jedenfalls sind alle Nährstoffgaben einzustellen.

Pflanzung

Natürlich kann auch im Frühjahr, sobald der Boden sich erwärmt hat, gepflanzt werden. Ausgenommen sind nur die um diese Zeit blühenden Zwiebelblumen. Auf diese Weise lassen sich durch Frosteinwirkung entstandene Lücken des Bestands rasch schließen oder Umgruppierungen vornehmen, wo das notwendig erscheint. Das Setzen von Containerware, ob Stauden oder Gehölze, ist übrigens das ganze Vegetationsjahr hindurch möglich, man braucht damit also nicht bis zum Herbst zu warten (siehe auch Seite 13).

Dauerpflege

Schließlich wird auch die gewohnte Dauerpflege wieder aufgenommen, indem man alles Verblühte fortlaufend entfernt und aufkommende Unkräuter gar nicht erst zum Zuge kommen läßt; sie sind sofort auszujäten, mit soviel Wurzelwerk, wie sich nur herausziehen läßt.
Nach dem Flor der frühlingsblühenden Gehölze ist ein Rück- oder Auslichtungsschnitt angesagt, sofern das notwendig erscheint. Ohne Grund sollte die Schere allerdings nicht in Aktion treten, weil man nur zu leicht mehr wegnimmt, als den Pflanzen und ihrem Erscheinungsbild guttut.

Sommer

Ist der Steingarten in Schuß, kann man ihn die Sommermonate über meist weitgehend sich selbst überlassen.

Wässern wird nur in extrem lange an-
haltenden Trockenperioden oder punk-
tuell bei erwiesenermaßen feuchtig-
keitsbedürftigen Gattungen und Arten
notwendig sein.

Wucherer

Aufmerksamkeit ist lediglich Pflanzen
zu widmen, die zu unerwünschtem Wu-
chern neigen; hier muß der Ausbrei-
tungsdrang mit Spaten oder Schere in
Grenzen gehalten werden, damit wert-

vollen Nachbarn der Lebensraum nicht
streitig gemacht wird.

Samenernte

Wer dem reizvollen Hobby der Anzucht
aus selbstgeernteten Samen nachgeht,
muß Fruchtstände und Kapseln zum
richtigen Zeitpunkt sammeln.

Von abgeblühten Blumen lassen sich häufig
die Samen ernten. Sie müssen zunächst
schattig trocknen; erst dann kann man sie in
gut beschriftete geschlossene Gefäße abfül-
len.

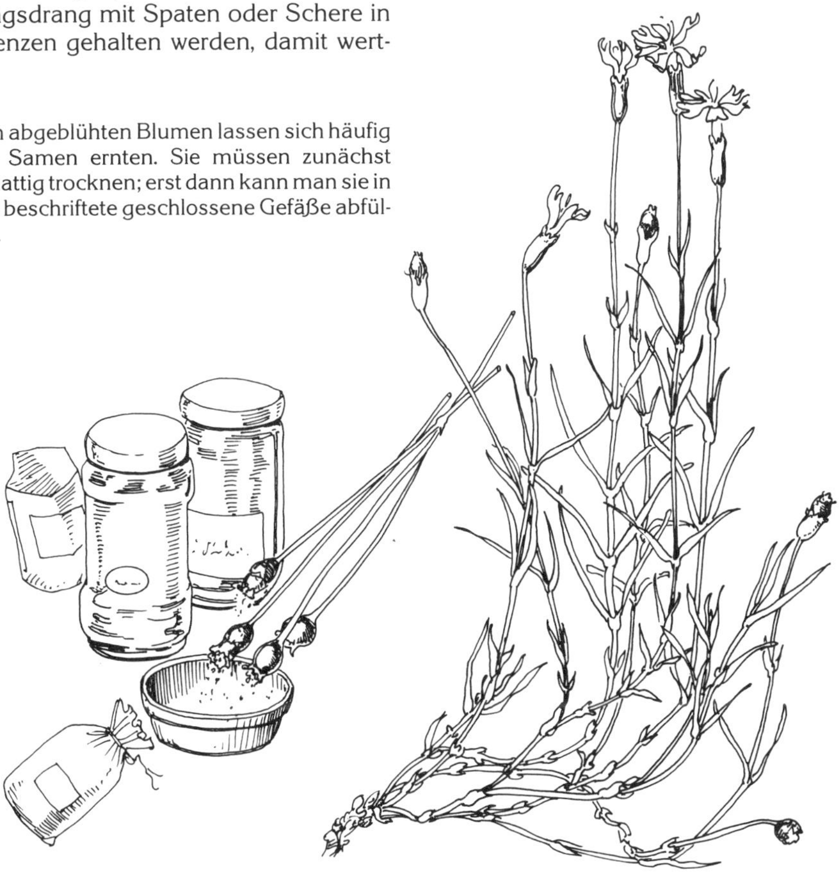

Pflege rund ums Jahr

Empfindliche Stauden deckt man im Herbst mit Fichtenreisig oder Stroh ab.

Herbst

Oktober und November sind die »klassischen« Pflanzmonate für Frühlingszwiebelblumen, Stauden und Gehölze. Jetzt kann auch Kompost oder ein anderer organischer Dünger ausgebracht und oberflächig vorsichtig leicht eingeharkt werden. Alle Immergrünen sind vor Frosteintritt noch einmal gründlich zu wässern, weil ihre Blätter auch bei Kälte Wasser verdunsten, das sich aus dem gefrorenen Boden nicht ersetzen läßt.

Frostschutz

Für empfindliche Stauden sind irgendwo trockenes Fallaub oder Stroh bereitgelegt, ebenso Fichtenreisig, damit diese Materialien bei drohendem Kahlfrost schnell greifbar sind. Vorher sollte man nicht abdecken, die Pflanzen müssen die Möglichkeit der Abhärtung erhalten. Meist ist Schutz erst im Januar notwendig.
Bei Troggärten und Kübeln sollte nicht so lange gewartet werden, hier können zumindest die Seitenwände eine Kälteabwehr aus Styroporplatten oder Luftpolsterfolie erhalten. Nicht frostharte Arten werden an einen kühlen, hellen Platz im Haus umquartiert.

Winter

Winterliche Arbeiten im Steingarten sind durch das Wetter bestimmt, denn die Pflanzen selbst wollen jetzt nicht gestört werden. Allerdings sollte man an frostfreien Tagen und wenn der Boden

nicht gefroren ist, die immergrünen Laub- und Nadelgehölze reichlich wässern; sie verdunsten auch in der kalten Jahreszeit Feuchtigkeit, die bei gefrorenem Erdreich nicht ersetzt werden kann. Wo eine dicke Schneelast die Zweige von Gehölzen zu Boden drückt, sollte man abschütteln, um Astbruch zu vermeiden. Falls nötig, können sommergrüne Gehölze an frostfreien Tagen zurückgeschnitten und in Form gebracht werden. Außerdem ist jetzt die richtige Zeit, Frostkeimer auszusäen (siehe auch rechts).

Vermehrung

Aussaat

Von vielen Steingartenstauden werden heute im Fachhandel Samen angeboten, so daß man sich seine Pflanzen selber heranziehen kann.
Der günstigste Zeitpunkt für die warme Anzucht auf dem Fensterbrett ist das Frühjahr ab Ende Februar, weil die Lichtverhältnisse dann bereits so günstig sind, daß auf künstliche Beleuchtungshilfen verzichtet werden kann. Ausgesät wird in ein handelsübliches Anzuchtsubstrat oder in eine Mischung aus Gartenerde, Torf und Sand zu gleichen Teilen, als Gefäße eignen sich Blumentöpfe, Schalen oder auch flache Kistchen.
Säen Sie so dünn wie möglich, dann wird mit einem Brettchen angedrückt und schließlich das Ganze mit feinem Sand übersiebt. Lichtkeimer (Hinweis auf dem Samentütchen beachten) werden nicht bedeckt. Die Saatgefäße stellt

man auf ein helles, nicht sonniges Fensterbrett im beheizten Zimmer.
Kaltkeimer (Frostkeimer), z.B. Enzian (*Gentiana*) und Christrose (*Helleborus*) müssen anders behandelt werden. Nach der wie vorher beschriebenen Aussaat kommen die Gefäße, mit Folie oder einer Glasscheibe vor Nässe geschützt, an einen schattigen Gartenplatz bzw. ins Frühbeet. Nach Frosteinwirkung werden sie im Frühjahr wie andere Anzuchten behandelt, d.h. hell und warm gestellt.

Stecklinge

Bei der vegetativen Vermehrung bedient man sich einzelner Pflanzenteile, die in Erde oder Wasser zur Wurzelbildung angeregt werden und dann an den vorgesehenen Platz im Steingarten kommen. Am besten gelingt das mit sogenannten Kopfstecklingen, dem etwa fingerlangen Stück einer Triebspitze. Nachdem die untersten Blätter entfernt wurden, kommt der Steckling in ein mageres Erdgemisch, z.B. ein Anzuchtsubstrat, wo er nach mehr oder weniger langer Zeit Wurzeln bildet. Eine transparente Abdeckung des Anzuchtbehälters (Klarsichtfolie) sorgt für erhöhte Luftfeuchtigkeit und verhindert ein Austrocknen des Substrats.
Bei polster- und mattenbildenden Steingartengewächsen genügt es, ein Stück mit dem Spaten oder den Händen abzutrennen und neu einzupflanzen, Rosettenbildner wie Dachwurz (*Sempervivum*) schicken Rosettenausläufer auf die Reise, die man nur abzunehmen braucht, wenn neue Exemplare an anderer Stelle erwünscht sind.

Absenker

Arten mit niederliegenden, bodennahen Trieben, wie sie bei Rhododendren vorkommen, lassen sich im Mai durch Absenker vermehren. Dazu wird ein Zweig an der Stelle der Unterseite, die später in die Erde kommt, vorsichtig eingeschnitten und der Spalt durch ein hineingeklemmtes Steinchen offen gehalten. Nun hebt man eine flache, etwa 5 cm tiefe Grube aus, legt den Trieb mit der Schnittstelle nach unten hinein, fixiert ihn mit einem Drahtbügel oder einer Astgabel und deckt Erde darüber. Die beblätterte Spitze des präparierten Zweigs kann man sicherheitshalber an einem Bambusstab festbinden. Oft haben sich schon bis zum darauffolgenden Frühjahr Wurzeln gebildet. Dann wird der Trieb vom Mutterexemplar abgeschnitten und neu gepflanzt.

Düngung

Da wir es im Steingarten meist mit sehr genügsamen Wildpflanzen zu tun haben, darf man sich hier nicht von den sonst – besonders im Gemüsegarten – üblichen »Düngefahrplänen« leiten lassen. Ein Zuviel des Guten führt nur dazu, daß die Pflanzen »mastig« werden, d. h. ins Kraut schießen, weiche Blätter und Triebe bilden und damit insgesamt anfälliger für Krankheiten wie Schädlinge und empfindlicher für Frostschäden sind. Es sollte nur mit organischen Düngern aus dem Fachhandel gearbeitet werden, besser noch ist garteneigener, reifer Kompost. Man streut ihn im Spätherbst rund um die Pflanzen und arbeitet das Material leicht ein. Durch diese Zuführung organischer Stoffe wird der Boden mit Humusbildnern versorgt, bleibt durchlässig und fruchtbar.

Pflanzenschutz

Es ist noch gar nicht so lange her, als man sich zur Bekämpfung von Pflanzenkrankheiten und Schädlingen ähnlicher Methoden wie in der Landwirtschaft und im Erwerbsgartenbau bediente, nämlich dem Spritzen oder Stäuben chemischer Präparate. Die Industrie hielt für jeden Schadensfall das geeignete Mittel bereit, man brauchte es nur noch auszubringen.
Die zunehmende Gefährdung der Umwelt, Tier- und Pflanzensterben, Gesundheitsschäden am Menschen haben zum längst fälligen Umdenken auch im privaten Bereich geführt, die Mehrzahl giftiger Pflanzenschutzpräparate ist in vielen Bundesländern für den Haus- und Kleingarten nicht mehr zugelassen. Diese Einschränkung muß zwangsläufig dazu führen, daß bewußter und kenntnisreicher gegärtnert wird, daß man sich auf alternative Abwehrmethoden besinnt, die Selbstregulierung der Natur im Sinne von »Fressen und gefressen werden« unterstützt und nicht in jeder Blattlaus, Raupe oder Schnecke eine Katastrophe auf den eigenen Garten zukommen sieht.
Trotz Nützlingsschonung und artgerechtem, für die Gewächse optimalem Anbau bleiben jedoch Schädigungen durch tierische oder pilzliche Organismen nicht aus. Daß auch sie in der Natur ihren Platz und eine Funktion in der

Nahrungskette haben, ist unbestritten, dem Gärtner, der seinen von Schnecken radikal weggeputzten Glockenblumen nachtrauert, jedoch kaum ein Trost. Wem gerade Nacktschnecken im Hausgarten nützen sollen, ist allerdings nicht recht zu ergründen, denn in der Überlebensstrategie anderer, hier heimischer Tiere spielen sie kaum eine Rolle; selbst für Igel stellen sie durchaus keine Delikatesse dar, wie oft zu lesen ist, und von Vögeln werden sie meist gemieden.

Wichtige Schädlinge und Krankheiten

Die allgegenwärtigen Blattläuse kommen in der natürlichen Flora des Steingartens weniger zum Zuge als anderswo im Garten; denn auch zahlreiche Nützlinge haben hier ihr Lager aufgeschlagen und sorgen für eine Dezimierung von Schädlingen. Nimmt die Plage an einzelnen Pflanzen oder Pflanzengruppen überhand, kann man stabile Gewächse mit einem scharfen Wasserstrahl abspritzen (muß öfter wiederholt werden!) oder ihnen mit Hilfe von Brennesselbrühe bzw. -tee zu Leibe rücken. Im Handel gibt es außerdem ungiftige Mittel zur Blattlausbekämpfung.

Weitaus unangenehmer und durch Fraß schädigend können Nacktschnecken werden, die zudem eine Vorliebe für Glockenblumen haben, grundsätzlich aber nahezu alle Pflanzen gefährden. Die sicherste Methode, ihrer Herr zu werden, ist das regelmäßige Absammeln in den Abendstunden, wenn die Tiere sich zu ihren Freßplätzen begeben. Wird das konsequent durchge-

führt, verhindert man gleichzeitig die Vermehrung und hat es im folgenden Jahr nur noch mit Einzelexemplaren zu tun. Durch das Auslegen von kleinen Brettern, feuchten Stoffresten oder auch Rhabarberblättern schafft man den Schnecken einen Tagesunterschlupf, unter dem sie sich dann leicht aufsammeln lassen. Das Umstreuen besonders gefährdeter Pflanzen oder Pflanzengruppen mit Asche, Sägemehl oder Steinmehl ergibt wirksame Barrieren, allerdings nur bis zum nächsten Sommerregen; danach ist die Prozedur zu wiederholen. In einem kleinen Steingarten, in dem es durch permanente Zuwanderung von Schnecken zu Massenbefall kommt, könnte ein Schneckenzaun aus dem Fachhandel hilfreich sein; er müßte allerdings die gesamte Anlage einfrieden.

Schnecken können mit Bierfallen gefangen werden; besonders wirksam ist es, wenn in der Nähe ein Unterschlupf für sie angeboten wird. Ein mit Schmirgelpapier umwickelter Stab in der Bierfalle ermöglicht anderen Tieren das Herauskommen aus der Falle.

Unter den Pilzkrankheiten sind es vor allem Echter Mehltau und Rost, die den Pflanzen zu schaffen machen können. Mehltau äußert sich durch einen weißlichen, mehligen Belag, der Blätter, Knospen und Triebe überzieht und sich abwischen läßt. Dieser »Schönwetterpilz« tritt vor allem bei hohen Temperaturen auf. Befallene Pflanzenteile sind unverzüglich zu entfernen und über den Müll zu entsorgen, sie dürfen nicht auf den Kompost gelangen! Der Handel bietet biologische Mittel an, die sich gegen die Infektion einsetzen lassen. Den Rostpilz erkennt man an hellen Flecken blattoberseits und Pusteln an den Blattunterseiten, aus denen die staubfeinen Vermehrungskörper (Spo-

Brennesseljauche läßt sich leicht selber herstellen und wird zur Wachstumsförderung und Bodenbelebung eingesetzt, aber auch gegen fressende und saugende Schädlinge.

ren) austreten und weitere Pflanzen infizieren. Auch hier müssen befallene Teile entfernt und via Müll vernichtet werden.

Brühen, Tees, Jauchen

Von den vielen Pflanzen, die andere Gewächse in Form von Brühen, Tees und Jauchen gegen Krankheiten und Schädlinge schützen, ist die universell einsetzbare Brennessel die bekannteste. Wo es an frischen Blättern fehlt, kann man sich getrocknete im Reformhaus beschaffen. Die Große (*Urtica dioica*) und die Kleine Brennessel (*Urtica urens*) sind gleichermaßen geeignet. Und so wird's gemacht:

* **Brennesseljauche:** 1 kg frisches oder 200 g getrocknetes Kraut in 10 l Wasser ansetzen. Die Jauche ist fertig, wenn sie nicht mehr schäumt; je nach Wetter kann das zwei bis sechs Wochen dauern. Man spritzt sie, 1:20 verdünnt, vorbeugend oder wendet sie bei direktem Befall durch fressende und saugende Insekten an.
* **Brennesselbrühe:** Die gleiche Menge Kraut läßt man 24 Stunden in 10 l Wasser ziehen, dann wird die Mischung gekocht und nach dem Abkühlen, 1:4 verdünnt, über die von Blattläusen befallenen Pflanzen gespritzt.
* **Brennesseltee:** Das Kraut im genannten Verhältnis 24 Stunden in heißem Wasser ziehen lassen und unverdünnt dort spritzen, wo sich Spinnmilben oder Blattläuse breitgemacht haben. In jedem Fall ist darauf zu achten, daß auch die Blattunterseiten mit behandelt werden.

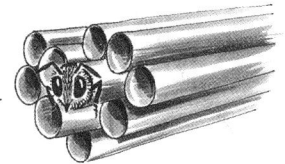

Tiere im Steingarten

Weil viele Gartenbesitzer heute der Vernunft und Einsicht in das Notwendige folgen, indem sie bei der Gestaltung und Pflege ihres häuslichen Grüns Rücksicht auf die Bedürfnisse der heimischen Tierwelt nehmen, sind unsere Gärten zu beschützenden Nischen der bedrängten Natur geworden. Liegengelassenes Herbstlaub unter Gehölzen, ein paar vermodernde Äste und Steinhaufen in nicht einsehbaren Ecken und Winkeln, Verzicht auf Bekämpfung von Krankheiten und Schädlingen mit auch für Nützlinge giftigen Präparaten, Feuchtbiotope wie Teich und Sumpfbeet und nicht zuletzt auch der natürliche Steingarten oder die Trockenmauer kommen den Tieren entgegen und führen dazu, daß sich zahlreiche Arten plötzlich im Garten wiederfinden.

Insekten

Unter den Insekten sind es neben Bienen und Hummeln vor allem Schmetterlinge, die auffallen, wenn sie die Frühlingsblüten des Steingartens umgaukeln und sich auf den von der Sonne erwärmten Steinen ausruhen. Zu den ausgesprochenen Nützlingen, weil Vertilgern von Schädlingen, gehören Florfliegen, Schwebfliegen, Marienkäfer, während sich die winzigen, die

Nisthilfen für Wildbienen

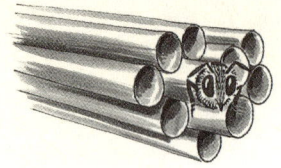

Larven von Schadinsekten parasitierenden Schlupfwespen dem ungeübten Auge entziehen.

Wer seinen Garten für <u>Wildbienen</u> anziehend machen möchte, sollte für einfache Nisthilfen in Form von mit Bohrlöchern versehenen, trockenen Vierkanthölzern sorgen, wobei die Bohrungen bei einem Durchmesser von etwa 2–8 mm 4–8 cm tief sein müssen. Diese Stücke werden dann senkrecht an eine der Wetterseite abgewandten Wand aufgehängt. Auch trockene, gebündelte Hohlstengel von Stauden, wie z. B. Beifuß oder Bambus, werden gerne von Wildbienen angenommen, wenn man sie waagerecht vor einem Zaun, einer Mauer, unter einem Pergolabalken oder an ähnlichen geschützten Plätzen anbringt (siehe Seite 67).

Vögel

Zu den wichtigsten Gartenhelfern gehören jedoch nach wie vor die Vögel. Man hat errechnet, daß ein einziges Meisenpärchen während der sommerlichen Brutperiode bis zu 30 kg Lebendfutter, in der Mehrzahl Schädlinge, ins Nest schleppt.

Das Treiben der Amseln, als Vertilger von Schädlingen kaum weniger wichtig, wird vom Gärtner allerdings mit gemischten Gefühlen beobachtet. Neben Knospen- und Sämlingsfraß können sie gerade im Steingarten mit seinem reichen Kleintierleben recht unangenehm werden, wenn sie wie Haushühner den Boden zwischen den Pflanzen aufscharren und dabei ganze Polster auseinandernehmen. Werden immer dieselben Gewächse heimgesucht und nimmt der Schaden überhand, bleibt nur das Abdecken gefährdeter Partien mit einem Vogelschutznetz. Die Tiere weichen dann nach einiger Zeit auf andere Plätze aus, so daß man das Geflecht nicht den ganzen Sommer über auszulegen braucht.

Während man Amseln als Freibrütern keine Nistgelegenheiten anzubieten braucht, werden Nistkästen von Meisen und Gartenrotschwänzchen gerne angenommen. Wichtig ist der artgerechte Durchmesser des Einfluglochs. Für Blaumeisen sollte er nicht weniger als 28 mm betragen, Kohlmeisen, Trauer- und Halsbandschnäpper bevorzugen Löcher mit mindestens 32 mm, Kleiber und Gartenrotschwanz brauchen ovale Einschlüpfe, 45 mm hoch, 30 mm breit. Rotschwänze beziehen bisweilen aber auch sogenannte Halbhöhlen, Kästen also, die an der Vorderseite nur zur Hälfte geschlossen sind. Auch für Bachstelzen und Rotkehlchen eignen sich Nistgelegenheiten dieser Art.

Igel und andere Tiere

Von den größeren Tieren sind vor allem Igel, Eidechsen und Erdkröten gerngesehene Gäste im Garten, weil sie ihren Teil zur Schädlingsbekämpfung beitragen. Mit etwas Glück werden diese Arten von selber zuwandern, wenn ihnen die Bedingungen zusagen und das Nahrungsangebot groß genug ist. Im Naturgarten dürfte das fast immer der Fall und der Tisch reich gedeckt sein. Vor allem Eidechsen haben im Steingarten oder in der Trockenmauer ideale

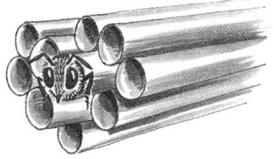

Lebensvoraussetzungen, Kröten können sich dort in schattigen, feuchten Ritzen oder unter größeren Steinen tagsüber verkriechen, Igel finden im vermodernden Laub, im Unterwuchs von Gehölzen oder am Heckengrund genügend Kleingetier als Nahrungsgrundlage.

Tierleben am Wasser

Wurde ein Feuchtbiotop oder ein kleiner Teich in den Steingarten integriert, so regelt sich das Tierleben in diesem Bereich auch im Winter selbst. Sofern das Wasserbecken eine Stelle mit mindestens 60 cm Tiefe hat, können Kaltwasserfische und Frösche hier unbeschadet auch bei anhaltendem Frost überleben.

Im Sommer stellt der Teich mit seiner bepflanzten Umgebung für zahlreiche

Eine Höhle für Igel: Diese ist 20 cm hoch, 30 cm tief, am Eingang 15 cm und im Innern 30–40 cm breit.

Tierarten einen fast magischen Anziehungspunkt dar. Neben den reinen Wasserbewohnern sind es Libellen, Schmetterlinge, Bienen, Wespen und Hummeln, die sich hier einfinden, außerdem Vögel, denen das Biotop als Tränke und Badegelegenheit dient. Frösche wandern meist von selber zu, wenn sich irgendwo in der Umgebung ein natürliches Gewässer befindet, Erdkröten werden angelockt, weil sie den Teich zum Ablaichen benötigen. Das trifft auch auf die Grasfrösche zu, die im Gegensatz zu den ganzjährig im Wasser lebenden Teichfröschen nach der Eiablage andere Gartenteile aufsuchen. Wenn beim Rasenmähen Frösche vor der Maschine herumhüpfen, handelt es sich immer um diese Art, die übrigens keine »Konzerte« veranstaltet. Während der Paarungszeit geben Grasfrösche nur leichte Knurrlaute von sich und können damit keinen Nachbarn stören!

Kröten, aber auch Eidechsen nehmen Nischen als Behausung in der Trockenmauer an.

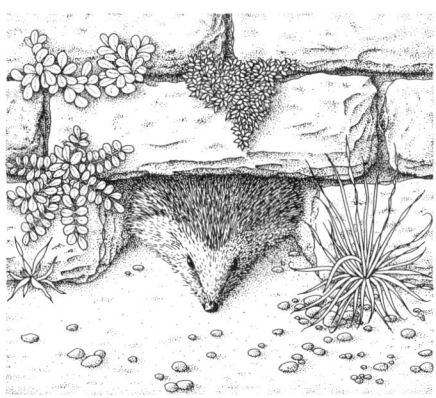

Anhang

Bezugsquellen

mit Versand für Steingartenstauden, Farne, Gräser

Die folgenden Aufstellungen erheben keinen Anspruch auf Vollständigkeit. Soweit bei Drucklegung die neuen Postleitzahlen bekannt waren, sind diese berücksichtigt.

Uwe Knöpnadel
Friesland Staudengarten
Husumer Str. 16
26441 Jever

Heinrich Hagemann
Staudenkulturen
Walsroder Str. 324
30855 Langenhagen

Heinz Klose
Staudengärtnerei
Rosenstr. 10
34253 Lohfelden

Johann Lintner
Staudenkulturen
35315 Homberg/Ohm

Gabriele Wetzel
Botanische Raritäten
Oberkohlfurth
42349 Wuppertal

Gertrud Willumeit
Baumschulen-Stauden
Heidelberger Landstr. 179
64297 Darmstadt-Eberstadt

Kaiser & Seibert
Odenwälder Pflanzenkulturen
Wilhelm-Leuschner-Str. 85
64380 Roßdorf

Fritz Häussermann
Schützenhausweg 43–47
70499 Stuttgart-Weilimdorf

Joachim Carl
Alpengarten Pforzheim
W-7530 Pforzheim-Würm

Hans Götz
Staudengärtnerei
Schramberger Str. 65
77761 Schiltach

Rolf Peine
Staudengärtnerei
Mariabrunner Str. 71
81245 München

Käthe Qual
Staudengärtnerei
Hörmannsdorf 15
85560 Ebersberg

F. Sündermann
Botanischer Alpengarten
Aeschacher Ufer 48
88131 Lindau/Bodensee

Karl Heinz Marx
Staudengärtnerei
Bahnhofstr. 36
96175 Pettstadt

Dr. Hans und Helga Simon
Gärtnerischer Pflanzenbau
97828 Marktheidenfeld

> Samen botanischer Raritäten, die sonst kaum erhältlich sind, bietet die Firma Thysanotus-Samenversand, Postfach 44 81 09, W-2800 Bremen 44, an.

Register

Anhang